D1574028

ISBN 978-3-280-03493-4
1. Auflage 2015

IMPRESSUM
Die Munggenstalder und der Klostersturm
Idee, Konzept, Text: Martin Weiss
Illustrationen: Rolf Willi
Lektorat: Marc Zollinger
© 2015 Orell Füssli Verlag AG, Orell Füssli Kinderbuch
Zürich, Schweiz
www.ofv.ch

Alle Rechte vorbehalten
Druck: In der ehemaligen habsburgischen Markgrafschaft Krain, heute Slowenien

GROSSER MYTHEN
KLEINER MYTHEN
ZÜRICH
RAPPERSWIL
EINSIEDELN
MUNGGEN-
STALDEN
WILLKOMMEN IM WILDEN MITTELALTER!
SCHWYZ

WIR SCHREIBEN DAS JAHR 1313.

Hinter den beiden Mythen, da wo die Wälder noch richtige Urwälder sind und sich die Bären und die Bartgeier guten Morgen sagen, liegt das Dörfchen Munggenstalden an der Alpel. Hier hat sich eine Gruppe von Schwyzer Bauern angesiedelt, denen es auf der anderen Seite der Mythen zu eng geworden ist. Die nahe Alpel versorgt die Dorfbewohner mit Wasser und Fischen. Auf den Weiden gibt es reichlich Futter für ihre Tiere. Kurz: Es könnte das Paradies sein. Doch die Idylle täuscht! Genau genommen dürfen die Munggenstalder das Land hier gar nicht nutzen. Es gehört nämlich dem Kloster Einsiedeln. Seit Jahrzehnten tobt zwischen den Mönchen und den Bauern deshalb ein heftiger Streit. Seit 1311 liegt sogar ein Klagerodel (umfangreiche Liste mit allen Vergehen) auf dem Tisch. Johannes von Schwanden, der Abt des Klosters, hat sogar versucht, die aufmüpfigen Schwyzer vom Bischof exkommunizieren zu lassen.

Doch all das kümmert dieses rebellische Völkchen nicht!
Im Sommer 1313 kommt erneut ein Tross Bauern über die Holzegg ins Alpeltal, um sich bei den Munggenstaldern niederzulassen. Wird der Abt von Einsiedeln das hinnehmen? Und wie reagieren die Habsburger, die für den Schutz des Klosters zuständig sind?
Für Zoff ist gesorgt...

DAS HELDENTRIO:

ANNEKÄTHY
Hübsch, rothaarig, Sommersprossen. Die Fachfrau im Dorf, wenn es um Munggensalbe und um Heilkräuter geht. Stets zur Stelle, wenn einer ein kleineres oder grösseres Bobööli hat. Man munkelt, sie sei dreihundert Jahre alt, aber das sind Unterstellungen der eifersüchtelnden Frauen im Dorf. Denn Annekäthy ist der Sonnenschein von Munggenstalden!

CHRIGI
Ein Prachtbild von einem Innerschwyzer Brocken. Gewinnt jeden Schwinget. Reibt sich die Muskeln mit Melkfett ein, das Annekäthy mit Geheimkräutern anreichert – nur für ihn. Ist auch ein hervorragender Jäger: Keiner pirscht sich so nah an die Bären und Gämsen heran. Und klar, er steht auf Annekäthy und Annekäthy auf ihn ...

KÖBI
15 Jahre alt, der Jungspund im Dorf, blitzgescheit und für jeden Schabernack zu haben. Schwärmt ebenfalls für Annekäthy. Manchmal etwas vorlaut. Klopft gerne träfe Sprüche über das Treiben in Munggenstalden und treibt mit seinen Spässen alle zur Verzweiflung. Aber alle mögen ihn. Erfindet immer wieder Dinge, die es noch nicht gibt.

WEITERE MUNGGENSTALDER:

HAUDERI
Der Chef im Dorf. Dem Chriesiwasser zugetan. Genehmigt sich stets ein paar Schlucke, um seine Reden über die Runden zu bringen, was regelmässig in die Hosen geht. Aber gmögig und ein guter Politiker. Würde die Pfaffen von Einsiedeln am liebsten in die Schöllenen zum Teufel schicken …

HEIDI
Die Frau vom Hauderi und die Mama des Dorfs. Niemand bereitet Forellen, Bärentatzen und Munggenpfeffer besser zu als Heidi. In ihren riesigen Kochtöpfen brutzelt ständig etwas. Sie amtet auch als Dorfhebamme, was viel zu tun gibt, denn die Munggenstalderinnen sind – wie alle Schwyzerinnen – ausgesprochen gebärfreudig.

FLADEXAVER
Der einzige im Dorf, der lesen und schreiben kann. Doziert gern vor sich hin und rutscht ständig auf Vronis Kuhfladen aus, die ihm permanent in die Quere kommen. Als er sich eines Tages den Kopf einrennt, kommt ihm – wie einst Newton beim Fall des Apfels – die grosse Erkenntnis. Welche das genau war, weiss er allerdings selber nicht mehr …

CHLEFELER
Der Dorfmusiker, auch Lauterhampel genannt. Ist stets mit zwei Chlefeli unterwegs. Versucht immer wieder, über die weltbewegenden Ereignisse im Dorf Verse zu schmieden, die er dann als Rap vorträgt. Ständig schnitzt er neue Chlefeli, weil er hofft, dass es dann besser wird. Übt auch nachts, was einen Heidenlärm macht und alle nervt …

BÄCHELI
Hält sich am liebsten an der Alpel auf, um Forellen zu fangen. Geht den Mönchen in Einsiedeln gehörig auf den Wecker. Die wohnen nämlich bachab. Und Bächeli fischt ihnen die fettesten Forellen ständig vor der Nase weg.

ISEHANS
Der Schmied. Eigentlich ein Urner, trägt immer Urnerhörner à la Uristier auf dem Kopf. Poliert ständig seine Hellebarden und erfindet Morgensterne, weil man die eines Tages sicher gut brauchen kann. Freut sich über jeden Feldzug, egal gegen wen, am liebsten aber gegen all die hohen Herren, die Rüstungen tragen. Hat einen Sohn, der auch Hörner trägt.

HOLZERKUDI
Der Holzer im Dorf. Ist für den Schwinget zuständig. Da ständig Schwingeten stattfinden in Munggenstalden, hat er viel zu tun. Das beste Sagmähl, davon ist er überzeugt, kommt von den Bäumen aus den Einsiedler Klosterwäldern.

CHRÜÜTLISTINE
Kräuterfrau und Annekäthys Mutter. Ist auch der Wetterfrosch im Dorf, denn ursprünglich kommt sie aus dem Muotathal. Vertritt das heidnische Zauberwesen und ist deshalb den Pfaffen von Einsiedeln gar nicht gut gesinnt. Weiss als Einzige im Dorf, wo das magische „Teufelskraut" spriesst, das nur in Munggenstalden wächst.

REISLÄUFER
Kari und Seppi, zwei junge Haudegen. Um Geld zu verdienen, sind die beiden in fremde Kriegsdienste gezogen. 1313 waren sie im Heer von Kaiser Heinrich VII. in Italien dabei, angeheuert von Werner von Homberg.
Jetzt kommen sie mit kostbaren Tüchern, Schmuck, Gold nach Hause. Die Frauen im Dorf sind entzückt …

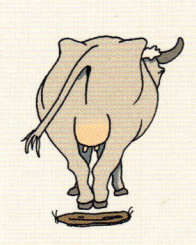

VRONI
Die einzige Kuh im Dorf. Platziert ihre Kuhfladen punktgenau, nur leider immer am falschen Ort und zur falschen Zeit …

IN STEINEN ZU HAUSE:

WERNER STAUFFACHER*
Kluger Politiker und Stratege, von 1313–1316 Landammann von Schwyz. Spielt zusammen mit seinem Bruder Heinrich eine zentrale Rolle im Marchenstreit mit dem Kloster Einsiedeln. Hat bei der Schlacht am Morgarten die Angriffstaktik der Schwyzer ausgeheckt.

HEINRICH STAUFFACHER*
Bruder von Werner, überlegt nie lange, sondern zieht lieber gleich los ins Feld. War beim Sturm auf das Kloster Einsiedeln als Anführer dabei, versuchte die Ausschreitungen einzudämmen, was ihm aber nicht gelang. Die Frauen von Schwyz machten ihn deshalb zum Sündenbock.

IN RAPPERSWIL:

WERNER VON HOMBERG*
Begnadeter Kriegs- und Söldnerführer, nicht ganz so talentierter Minnesänger. Lebt als Adliger auf der Burg Rapperswil. Feind der Habsburger und Freund der Schwyzer. Wurde 1309 von Kaiser Heinrich VII. als Reichsvogt in den drei Waldstätten eingesetzt. Begleitete den Kaiser von 1310–1313 auf dessen Italienfeldzug.

DIE GEGENSPIELER:

HERZOG LEOPOLD I.*
Genannt „Das Schwert Habsburgs", weil er gerne hart und erbarmunslos durchgreift. Zuständig für die habsburgischen Machtinteressen in den Waldstätten. Schutzvogt des Klosters Einsiedeln. Um Präsenz zu markieren, zieht er am 15. November 1315 mit einem Heer Richtung Ägerisee und Sattel und bekommt am Morgarten gehörig aufs Dach.

KUONY VON STOCKEN
Leopolds Hofnarr. Ist immer dabei, wenn der Herzog unterwegs ist. Warnt ihn vor Morgarten, wird vom Chef aber zum Glück nicht ernst genommen. Kuony ist keine historisch gesicherte Figur, konnte sich aber als Anführer des Narrengerichts an der Fasnacht in Stockach auf ewig einen Platz sichern.

DER KLERUS:

GERHARD VON BEVAR*
Von 1307–1318 Bischof von Konstanz. Dem Wein und dem Essen zugetan. Ständig in seinen Bistümern unterwegs, um Geld einzutreiben, denn die Bischofskasse ist ein Fass ohne Boden. Verhängt im November 1313 den Kirchenbann über die Schwyzer. 1314, nach dem Klostersturm, weitet er den Bann auch auf Uri und Nidwalden aus.

JOHANNES VON SCHWANDEN*
Abt des Benediktinerklosters Einsiedeln. Historisch verbürgte Figur, war von 1299–1327 Abt von Einsiedeln. Findet die Annektion der klösterlichen Weidegebiete durch die Schwyzer gar nicht lustig. Munggenstalden ist ihm ein Dorn im Auge. Konnte beim Klostersturm entkommen.

JOHANNES VON REGENSBERG*
Rechte Hand des Abts. Sohn von Lütold VIII. von Regensberg. Wurde zusammen mit anderen Mönchen aus adligen Häusern gefangen genommen, darunter waren Rudolf und Heinrich von Wunnenberg sowie Burkhard von Ulvingen. Sie alle werden in den Chroniken des Klosters Einsiedeln als „Opfer" erwähnt.

RUDOLF VON RADEGG*
Mönch und Chronist des Klosters. Hat den Überfall auf das Kloster miterlebt. Wurde nach elfwöchiger Gefangenschaft mit den andern Mönchen gegen sogenannte „Urfehde" freigelassen. Radegg schildert den Klostersturm in seinem lateinischen Gedicht „Capella Heremitana".

MALEFIZIUS BOMBASTICUS
Mönch, Bösewicht und Spion des Klosters. Wird vom Abt abkommandiert, um das Treiben der Munggenstalder zu beobachten. Berichtet dem Abt von den kolonialistischen Schandtaten. Malefizius spricht und flucht bevorzugt auf Lateinisch.

* Historisch verbürgte Figuren

MUNGGENSTALDEN, 20. AUGUST 1313. NICHTS LIEBEN DIE BEWOHNER DIESES REBELLISCHEN DÖRFCHENS ÄNNET DEN MYTHEN SO SEHR WIE IHR MITTAGSSCHLÄFCHEN...

HAUDERI, DER DORFCHEF...

...ISEHANS, DER SCHMIED...UND VRONI, DIE EINZIGE KUH...

BÄCHELI, DER FISCHER – UND AUCH IN DER ALPEL...

In der Alpel schwimmen die fettesten Forellen der ganzen Innerschweiz. Das wissen auch die Mönche in Einsiedeln. Dass ihnen die Munggenstalder die Prachtbrocken vor der Nase wegschnappen, wurmt sie gewaltig. Doch der Streit um die Fische ist nicht der einzige im Tal...

...HÄNGEN ALLE...

...IRGENDWIE RUM.

?

ANDERE SIND HELLWACH...

...KÖBI, DAS SCHLITZOHR...

...UND NOCH EINER.

?

SIE KOMMEN!
EIN TROSS SCHWYZER MIT KIND UND KEGEL ÜBERQUERT VON SCHWYZ HER DIE HOLZEGG.
SO LEUTE, DAS SCHLIMMSTE IST ÜBERSTANDEN.
DORT UNTEN IST UNSER NEUES ZUHAUSE! DAS SAGENHAFTE MUNGGENSTALDEN!
ENDLICH! BALD GIBTS WAS ZWISCHEN DIE ZÄHNE!
ABER NICHT SCHON WIEDER FISCH, BITTE!

WENIG SPÄTER... SEID WILLKOMMEN! HIC RHODUS, HIC...

MMMMM... ÄÄÄHMM... HICKS... SEID WILLKOMMEN IN MUNGGENSTALDEN, WO SICH DIE GESCHICHTEN UM UNSERE BEIDEN MYTHEN RANKEN UND – HICKS – RODENS UND SALZENS – HICKS – HAT FLADEXAVER – HICKS – UNSER BÜCHERWURM...

HIC RHODUS, HIC SALTA! HIER IST RHODOS, HIER SPRINGE!* SO HEISST DAS KORREKT. ÄSOP HAT... ÄSHOPP? GENAU – HICKS – ÄSHOPPEN WIR DIE PFAFFEN – HICKS – BIS HINAUF AUF DIE IBERGEREGG. UND – HICKS – UND... PROST! UND JETZT I'D HOSE, MANNE! JETZT WIRD GSCHWUNGE!

HOLZERKUDI GIBT SEIN BESTES...

* Zitat aus einem Text des griechischen Dichters Äsop (um 600 v. Chr.), sinngemäss: Zeig, was du kannst!

*Dialektausdruck für zusammengepappt, nicht so kräftig
**Dialektausdruck für angriffig, aggressiv
***Fachausdruck beim Schwingen für einen Kampf, der unentschieden ausgeht

...UND DER STEINER SEPP IST GEDECKELT!*

UMPPF

DE CHRIGI ISCH DE GRÖÖSCHT!

DE CHRIGI ISCH DE BESCHT!

DAS GIBT KOHLDAMPF!

* Dialektausdruck für geschlagen, besiegt, am Boden

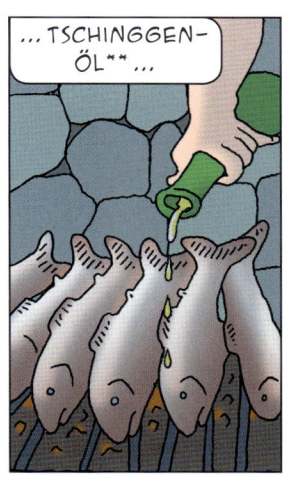

- ICH SPÜRE JEDEN KNOCHEN...
- KOMM SEPP! MEINE MUNGGENSALBE HILFT...
- ...BEI ALLEN BOBÖÖLIS*.
- ANNEKÄTHY – MIR TUT ES AUCH WEH – ÜBERALL!

WÄHRENDDESSEN IN HEIDIS KÜCHE...
- SO, JETZT KOMMEN DEM BÄCHELI SEINE FORELLEN DRAN...
- IST JA KEINE KUNST, ODER?

- MOOOMENT, MANN! DA BRAUCHTS DEN KOPF UND GEFÜHL UND...
- PFEFFER, SALZ...
- ...ETWAS ESSIG...
- ...TSCHINGGENÖL**...
- ...SALBEI, AMPFER, UNDUNDUND...! NOCH FRAGEN?

- FRAU, DAS ISCHT MIR ZU KOMPLIZIERT. HABE SOWIESO LIEBER MUNGGENRAGOUT...
- *HEIMATLAND!* MUSS DAS SO HORNOCHSIG HEISS SEIN?!!!!!
- MANN! DU GEHST GESCHEITER REDEN SCHWINGEN – SCHICK MIR EIN PAAR FRAUEN – MAN KANN AUFTISCHEN...
- WEIBERZEUGS!

* Dialektausdruck für Wehwehchen, schmerzende Stelle
** Als Tschinggen wurden früher in der Schweiz abschätzig die Italiener bezeichnet.

MMMH...

BESSER ALS EINE SCHNORRE* VOLLER FLIEGEN!

HEIDI, ZEIGST DU MIR MAL, WIE DU DIE MUNGGEN SO HINKRIEGST?

AB HEUTE ESS ICH NUR NOCH FISCH!

CHLEFELER, MACH UNS EINEN SCHÖNEN LÄRM – MAN HAT JA KULTUR!!

TAGG TAGATAGG TAGATAGGTAGG

DULIÖÖÖ

JÖÖÖ

* Dialektausdruck für Mund. In einigen Regionen auch „Schnurre" – oft gebraucht als „nöd blöd umeschnurre" (nicht dumm daherreden).

14

ALLE FEIERN WEITER BIS ZUM UMFALLEN... ALLE?

QUID ACTUM HAERETICALEM! MISER HAERESIS! MUSICA SALTATORIA IMPUDICA.* DAS MUSS ICH DEM ABT NARRATIEREN.

* Was für ein frevlerisches Tun! Gotteslästerung! Unverschämte Tanzmusik!

"IN AERE TELLUS PONDERIBUS LIBRATA SUIS, NEC BRACCHIA LONGO MARGINE TERRARUM PORREXERAT* – SAUPACK!"

"NAM CAELO TERRAS ET TERRIS ABSCIDIT UNDAS ET LIQUIDUM SPISSO SECREVIT AB AERE CAELUM; QUAE POSTQUAM EVOLVIT CAECOQUE EXEMIT* – ELENDE KOLONISTEN!"

PFLRRTSCH!

"DRECKVIEH!"

* Lateinische Fluchorgie höheren Grades, leider nicht exakt zuzuordnen, wahrscheinlich aus der Offenbarung des Johannes, in welcher er den Weltuntergang prophezeit.

> LAUDES! DIE GLOCKEN DES KLOSTERS EINSIEDELN RUFEN ZUM MORGENGEBET ...

...#%‡¢¥|!!!

WARTET NUR - PLEBEJER*!!

* Von lat. *plebs*; wörtlich: einfaches Volk, übertragen: Trottel

— JOHANNES, ICH MUSS EUCH SCHRECKLICHES BERICHTEN!

— DREISSIG FORELLEN UND 6 MURMELTIERE HABEN SIE GEFREVELT UND VERSPIESEN! UND WORTE SKANDIERT WIE 'NIEDER MIT DEN PFAFFEN!' UND 'WAS BRAUCHEN DIE SO VIELE WEIDEN FÜR IHRE GÄULE!'

— HEILIGER BIMBAM! JETZT BRAUCHT ES SCHARFES GESCHÜTZ.

— EXCOMMUNICATIO?

— EXCOMMUNICATIO, GENAU! JETZT MUSS DER BISCHOF DIESE SCHWYZER MIT DEM KIRCHENBANN BESTRAFEN! SATTELT DIE PFERDE, ICH REITE NACH KONSTANZ!

— DEN KLAGERODEL?

— UND DAS, EURE HOHEIT, NEHMT IHR DAS NICHT MIT?

— GENAU. DA HABT IHR ALL DIE FRÜHEREN SCHANDTATEN DER SCHWYZER AUFGELISTET: VIEHRAUB, BRANDSCHATZUNGEN, DER TOTSCHLAG UNSERES KLOSTERMANNS IN FINSTERWALDEN...

— SEHR GUT, MALEFIZIUS, ER HAT SICH EINE EXTRAPORTION WILDSAUSCHINKEN VERDIENT!

— UND EINEN COMPLETER?*

* Weisswein; der Name leitet sich vom abendlichen Gebet „Completorium" ab. Danach durften die Mönche den Wein als Stärkung trinken.

DIE NEUEN MUNGGENSTALDER BRAUCHEN NEUE HÄUSER...

Ganz ohne sind diese Bauarbeiten nicht! Das ganze Alptal und das obere Sihltal gehören dem Kloster Einsiedeln. Immer wieder kommt es zu Auseinandersetzungen zwischen den Schwyzern und den Schutzherren der Mönche. Der sogenannte Marchenstreit geht in die nächste Runde...

DAS ARTET LANGSAM IN ARBEIT AUS...

UND WIE MACHST DU DIE TÜRE ZU?

LANG LEBE KÖNIG HEINRICH!

EVVIVA I GHIBELLINI!*

* Die Ghibellinen sind die Königstreuen, im Gegensatz zu den papsttreuen Guelfen.

"HALLO FREUNDE, WIR SIND WIEDER DA!"

"DAS IST JA DER INDERBIZZI KARI!"

"UND DAS DER BUSER SEPP! IST HEINRICHS ITALIENFELDZUG SCHON VORBEI?"

"DER KAISER LIEGT BEI SIENA AUF DEM STERBEBETT – MALARIA."

"LANGE WIRD ER ES NICHT MEHR MACHEN. HOMBERG, UNSER SÖLDNERFÜHRER, HAT UNS DESHALB NACH HAUSE GESCHICKT."

"EGAL, WIR BRINGEN REICHE BEUTE MIT! SEIDE AUS LUCCA, GEWÜRZE, GOLDENE KETTEN..."

Kari und Seppi wurden von Werner von Homberg als Söldner angeheuert. Zusammen mit Hunderten von weiteren Schwyzern sind sie mit König Heinrich VII. durch Italien gezogen. Sie waren bei der Krönung am 29. Juni 1312 zum römisch-deutschen Kaiser in Rom dabei, haben die Schlachten in Cremona, Brescia und die Belagerung von Florenz miterlebt. Und das Reisläufertum zahlt sich aus ...

ES WIRD EINE LANGE NACHT MIT 1001 GESCHICHTEN...

"UND DANN STANDEN WIR VOR FLORENZ..."

"DIE GUELFEN FLOGEN NUR SO DURCH DIE LÜFTE..."

"DANN SAGTE DER PAPST ZU MIR, LIEBER SEPPI..."

"DIE FUNKELNDE KETTE WÜRDE MIR GEFALLEN... DIE SEIDENSTOFFE..."

"DER ITALIENAUFENTHALT HAT DEN BEIDEN ABER GUT GETAN! SO KRÄFTIG UND BUSPER*..."

"JAJA, FAUSTDICK HABEN ES DIE HINTER DEN OHREN – UND FAUSTDICK WIRDS NOCH KOMMEN..."

* Busper: Dialektausdruck für knackig, kräftig

24. AUGUST 1313, BUONCONVENTO, IN DER NÄHE VON SIENA...

WO IST MEIN KLYSTERION?*

REICHT MIR DIE BLUTEGEL!

LASST IHN ZUR ADER!

ER HAT WAHNSINNSSTEINE IM KOPF, VERSUCHEN WIR ES MIT EINER TREPANATION!**

Nachdem er vergeblich versucht hat, Florenz einzunehmen, liegt Heinrich VII. auf dem Sterbebett. Eine Malaria-Mücke hat den mächtigen deutsch-römischen Kaiser in die Knie gezwungen... Es herrscht Chaos, die Herren Mediziner sind sich nicht einig...

DER ASTROLOGISCHE ZEITPUNKT IST GÜNSTIG.

DER KAISER IST IN DIE JUNGFRAU EINGETRETEN...

HERRLICH, DIESE MALIGNEN KAISERLICHEN KNÖTCHEN...

HIRUDO MEDICINALIS, FEINSTE BLUTEGEL AUS DEN PONTINISCHEN SÜMPFEN...

HOLUNDERRÖHRCHEN, EINGENÄHT IN DEN DARM...

NEIN, MEINE HERREN, WIR APPLICIEREN EINE MISSIO SANGUINIS.***

WIE GEDENKEN ZU PROCEDIEREN?

GALENUS EMPFIEHLT, DAS FEUER IN DER LINKEN HERZKAMMER...

SCHWALBENKOT UND KLETTENKRAUT...

HOMBERG, EDLER FREUND, MEIN LETZTES STÜNDLEIN HAT GESCHLAGEN.

IHRO LETZTEN WORTE, MAJESTÄT?

...†

* Klysterion: Klistierspritze, Hilfsmittel für Analspülung
** Trepanation: operative Öffnung der Schädeldecke mit einem Bohrer
*** Missio sanguinis, auch Phlebotomie: Aderlass

PISA, 2. SEPTEMBER 1313. DER KAISER WIRD ZU GRABE GETRAGEN.

MÄNNIGLICH SIND ANWESEND: UGUCCIONE, DER BÜRGERMEISTER VON PISA, DER ITALIENISCHE DICHTERFÜRST DANTE UND HOMBERG, DER SÖLDNERFÜHRER DER EIDGENOSSEN...

DA GEHT ER HIN, DER GÖTTLICHE KAISER...

IMMER DIESE BEERDIGUNGEN...

KNOCHENARBEIT IST DAS.

...DER RETTER ITALIENS...

DER BESTE AUCH FÜR UNS IN DEN WALDSTÄTTEN.

DER EINZIGE, DER DAS REICH HÄTTE ZUSAMMENSCHWEISSEN KÖNNEN.

MAN SAGT, DER KAISER SEI VERGIFTET WORDEN...

DIE GESCHICHTE MIT DER HOSTIE? VERGESST DIESES GERÜCHT, ES WAR MALARIA.

EIN KLEINER STICH FÜR DEN KAISER, EINE GROSSE KATASTROPHE FÜR DIE MENSCHHEIT.

UND WAS IST MIT UNSEREM KRIEGSDIENST, HOMBERG?

DEN KÖNNT IHR VERGESSEN. WIR REITEN MORGEN ZURÜCK IN DEN NORDEN.

WENN DAS NUR GUT KOMMT...

WER WIRD WOHL UNSER NÄCHSTER KAISER...?

ABT JOHANNES AUF DEM WEG ZUM BISCHOF...

NA ENDLICH, KONSTANZ, DIE BISCHOFSSTADT!

WAS IST DENN DAS IN DREITEUFELSNAMEN ???

HUREN, ÜBERALL HUREN, KÄUFLICHES WEIBERVOLK!

WAS FÜR EINE ÜBERRASCHUNG, MEIN LIEBER JOHANNES.

EURE EMINENZ, ICH MUSS IHNEN SCHRECKLICHES BERICHTEN!

GEMACH, JUNGER MANN, LASST UNS ZUERST DEN HERGOTT PREISEN!

"ORA ET LABORA!"*

EXCELLENTISSIMUM! EDLER BURGUNDER VON MEINEN LIEBEN FREUNDEN AUS CÔTE DE BEAUNE. NA, WAS MEINT IHR?

EXZELLENT, IN DER TAT. VIEL BESSER ALS DIESE SAUREN ELSÄSSER!

DANN IST DIE BISCHÖFLICHE KASSE ALSO DOCH NICHT SO LEER, WIE IMMER BEHAUPTET WIRD?

ACH WO, MEIN LIEBER. ICH REISE VIEL IM BISTUM HERUM, UM GELD EINZUTREIBEN.

DARF ICH SIE FRAGEN EXZELLENZ: HÄTTEN SIE DIE GÜTE, MEINEN KLAGERODEL...

ACH, DIESER MARCHENSTREIT! WOLLT IHR DEN KONFLIKT MIT DEN SCHWYZERN NICHT ENDLICH...

?

ENTSCHULDIGEN SIE, EXZELLENZ. ICH BRINGE WICHTIGE NACHRICHTEN AUS FRANKFURT. DIE KURFÜRSTEN...

* Bete und arbeite. Alte Benediktinerregel, wobei „labora" auch mit „sich abmühen, leiden" übersetzt werden kann.

— SAKRAMENT! SEHT IHR NICHT, DASS WIR DAMIT BESCHÄFTIGT SIND, DEN HERRN ZU PREISEN? ABER GUT, GEBT HER, HÜBSCHES FRANKFURTERCHEN!

— PARBLEU! MINCE ALORS! SAPERLIPOPETT! BORDEL DE DIEU!!!

— EXZELLENZ?

— DIE KURFÜRSTEN HABEN DEN NEUEN KÖNIG GEWÄHLT!

— UND, WER IST ES? DER SCHÖNE ODER DAS BIEST?

— DAS BIEST, MEIN LIEBER, LUDWIG DER BAYER. ABER FRIEDRICH DER SCHÖNE ERKENNT SEINE NIEDERLAGE NICHT AN, DER HABSBURGER HAT SICH ZUM GEGENKÖNIG ERNANNT...

— GUT SO, MIR SIND DIE HABSBURGER OHNEHIN LIEBER!

— ZWEI KÖNIGE? HÉLAS! ABER ICH HALTE MICH DA RAUS! ICH HAB GENUG PROBLEME HIER IN KONSTANZ. DIE CITOYENS HABEN EINEN BÜRGERMEISTER GEWÄHLT, DIE WERDEN IMMER AUFMÜPFIGER.

— DANKE, MEIN HÜBSCHER, LASS DICH IN DER KÜCHE VERWÖHNEN. UND DANACH DARFST DU DICH NOCH ETWAS ZU MIR SETZEN...

— WO WAREN WIR, MEIN LIEBER JOHANNES? NOCH EINE ANDOUILLETTE? ZWEI, DREI SCHNECKEN IN KRÄUTERBUTTER? ODER DOCH LIEBER EIN GANZ PROFANES FRANKFURTER WÜRSTCHEN...?

— JA – WO STECKT IHR DENN?

ÄHM...

...ICH HÄTTE DA NOCH...

...KLAGE, RODEL, BITTE...

EXCOMMUNICATIO! ICH LASSE DAS STANTEPEDE ZU PERGAMENT BRINGEN, MEIN LIEBER FREUND.

ABT DANK, ZELLENZ. DAS WIRD DIESE – HICKS – MORES...

AU REVOIR, MEINE SCHÖNEN!

MUNGGENSTALDEN, ZWEI MONATE SPÄTER...

SCHLECHTE NACHRICHTEN, LEUTE...

DER BISCHOF HAT UNS MIT DEM KIRCHENBANN BELEGT! WIR SOLLEN SOFORT DIE ANNEKTIERTEN WEIDEN AN DAS KLOSTER ZURÜCKGEBEN!

UNSERE WEIDEN, UNSERE DÖRFER? KOMMT NICHT IN FRAGE!

DAS HAT AUCH DER STAUFFACHER GESAGT: WIR LASSEN UNS VON DIESEM BEVAR NICHT INS BOCKSHORN JAGEN. WIR SIND ALLEIN DEM KÖNIG UNTERSTELLT.

WELCHEM KÖNIG? IM MOMENT GIBT ES DOCH GAR KEINEN?!

GENAU, DARUM REITEN DIE BEIDEN STAUFFACHER JETZT ZUM HOMBERG NACH RAPPERSWIL, DER KANN UNS AUS DIESER SCH... RAUSHOLEN!

HURRA! DER HOMBERG, DER WIRDS RICHTEN!

UND WAS IST MIT DEM KIRCHENBANN? KEINE VERSAMMLUNGEN AUF GOTTES BODEN, KEINE TAUFEN, KEINE BEICHTEN...

DANN LEGEN WIR HALT DEN KIRCHENBODEN IN SCHWYZ EINEN METER TIEFER. SO KÖNNEN WIR DIE GOTTESDIENSTE TROTZDEM ABHALTEN. HALT NICHT A U F, SONDERN U N T E R GOTTES BODEN.

DU BIST EIN SCHLITZOHR!

Seite 28 — Comic

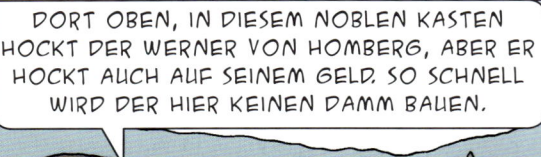

Panel 1 (Einige Tage später, zwei Reiter im Schilf):
- EINIGE TAGE SPÄTER...
- SACKERDOZI*, WIRD ZEIT, DASS DIE ENDLICH EINEN HOLZSTEG BAUEN!
- DA MUSST DU NOCH LANGE WARTEN, BRUDERHERZ, VORLÄUFIG IST NOCH SCHWIMMENDES HOLZ ANGESAGT.

Panel 2 (Boot mit Ruderern):
- VORWÄRTS, MEINE HERREN, WIR MÜSSEN DEN FAHRPLAN EINHALTEN.

Panel 3:
- MIR WIRD JETZT SCHON SCHLECHT...**

Panel 4:
- DORT OBEN, IN DIESEM NOBLEN KASTEN HOCKT DER WERNER VON HOMBERG, ABER ER HOCKT AUCH AUF SEINEM GELD. SO SCHNELL WIRD DER HIER KEINEN DAMM BAUEN.

Panel 5:
- WARUM HAT HEINRICH EIGENTLICH AUSGERECHNET DEN HOMBERG ZUM REICHSVOGT GEMACHT?
- WEIL ER IHM SÖLDNER GEBRACHT HAT FÜR DEN ITALIENFELDZUG, VOR ALLEM SCHWYZER. UNSERE SÖHNE HABEN BEKANNTLICH VIEL SAFT UND KRAFT.
- STIMMT, DAS SIND GEFRAGTE HAUDEGEN.
- WIE WIR...

Infokasten:
Werner von Homberg wurde 1309 vom Kaiser auch deshalb als Reichsvogt eingesetzt, um die Macht der Habsburger einzudämmen. Homberg war ein erklärter Gegner der Habsburger, seit der damalige König Rudolf seiner Mutter 1283 die Vogtei über das Kloster Einsiedeln und etliche Ländereien weggenommen hatte. Homberg und die Schwyzer hatten dieselben Gegner.

Panel 6:
- ICH HABE GANZ WEICHE KNIE...

---

* Innerschweizer Dialektausdruck, sinngemäss: Heiliger Bimbam

** Die Schweizer Söldner waren für alles zu haben, nur nicht für die Seefahrt. Hier hörte der Gehorsam auf.

...WOHL MIR HEUT UND IMMERFORT, ICH HABE EIN LIEBREIZEND FRÖÖ-ÖÖ-ÖÖLEIN GESEHN...

HÖRT, HÖRT! DER HERR REICHSVOGT BELIEBT ZU MINNEN!

STINKT JA FÜRCHTERLICH IN DIESEM KAFF! UND DAS NENNEN DIE ROSENSTADT..?

WOHL MIR HEUTE UND IMMERFORT, ICH HAB EINE FRAU GESEHEN, IHR MUND BRANNTE ROT WIE FLAMMENDER ZUNDER

Wie flammender Zunder...! Kompliment, mein lieber Graf, eine gelungene Metapher.

Notorisch metaphorisch, lieber Landammann: Nur so ist den Frauen im Gesang beizukommen. Willkommen, das nenne ich hohen Besuch, gleich beide Stauffacher-Brüder zusammen!

Ihr wurdet sicher schon informiert über den Kirchenbann?

Oh ja, eine Frechheit, wenn ihr mich fragt! Es wird Zeit, dass ihr diesen Pfaffen eine Lehre erteilt. Klaut ihnen Pferde...

Pferde...?

Ja! Auf diese hochgezüchteten Gäule sind die Klosterleute besonders stolz und sie sind wertvoll! Aber damit nicht genug: Reitet zum Kloster, plündert die Bibliothek, verwüstet den Klostergarten...

Ein Klostersturm? Ich weiss nicht...

Und nehmt den Abt und ein paar Mönche gefangen. Dann sollen die mal am eigenen Leibe erfahren, wie das ist: Ora et labora! Aber mit Wasser und hartem Brot.

Das wird den Schirmvögten aber kaum gefallen!

Den Habsburgern? Keine Angst. Die haben im Moment anderes zu tun. Die wollen ihren Friedrich auf den Thron bringen, und so wie's aussieht, haben im Moment eher die Wittelsbacher die Nase vorn.

STIMMT, NOCH GIBT ES KEINEN NEUEN KÖNIG, DER ZEITPUNKT WÄRE GÜNSTIG ...
ICH WERDE EUCH NOCH EIN PAAR HAUDEGEN AUS MEINEM TROSS MITGEBEN, DAS KANN NICHT SCHADEN.
DANN KANN JA NICHTS SCHIEF-GEHEN ...
UND WAS IST MIT DEM KIRCHENBANN?
WENDET EUCH AN LUDWIG DEN BAYERN, DER SOLL DAS BEIM BISCHOF RÜCKGÄNGIG MACHEN, SONST DROHT EUCH IN WENIGEN WOCHEN NOCH DIE REICHSACHT.
IHRE REIZENDE, LIEBLICHE GESTALT ...
KEIN WUNDER DER MINNE HAT GOTT
AN IHRER SCHÖNHEIT VERGESSEN.
IST ES SO, WIE ICH VERMUTET,
SO HAT SIE EINE ROTE ROSE GEGESSEN.
EINE ROTE ROSE? ICH VERMUTE, DER HAT EINEN GRAUEN RATZ GEFRESSEN! ABER SEINE IDEE ...
... DEN MÖNCHEN EIN BISSCHEN ANGST EINZUJAGEN? FINDE ICH GUT!
DA MACHEN SICHER AUCH MUNGGENSTALDER GERNE MIT. DIE BRENNEN JA DRAUF, DEN MÖNCHEN MAL EINS AUSZUWISCHEN.
GOTT! SO VIEL WASSER. MIR WIRD SCHLECHT ...

IN DER DREIKÖNIGSNACHT 1314: FRIEDE HERRSCHT ... NOCH!

...WOHOOOSIND DMUNGGE... WOHOOWOHOO...

?

HAUDERI!!

TOC
TOC

ZZZZZZ ???? – WO SIND WIR?

IM TIEFSTEN MITTELALTER!!!

STAUFFACHER-HEIRI?

SCHLAFKAPPE! DAS GANZE DORF IST SCHON AUF DEN BEINEN! WIR GREIFEN DAS KLOSTER AN!

PFAFFEN KLOPFEN? DAS LASSEN WIR UNS NICHT ZWEIMAL SAGEN!

DAS GIBT STOFF FÜR DIE DORFCHRONIK...

AB NACH EINSIEDELN!

KOMMT HEIL WIEDER!

BAUT KEINEN MIST!

UND VERSÜNDIGT EUCH NICHT!

UNTER ABSINGEN GAR WÜSTER LIEDER ENTSCHWANDEN DIE SCHLACHTERPROBTEN MANNEN IN DIE HELLE NACHT...

... IM BAUCH EIN ZÜNFTIG MASS AN CHRIESIWASSER – UND EIN GEWALTIGER GRIMM GEGEN DIE ABZOCKER VOM KLOSTER...

NICHTS KONNTE SIE MEHR AUFHALTEN – DIE BESORGTEN MUNGGENSTALDERINNEN NICHT...

...UND SELBST DER TEUFEL...

PFLRRTSCH!

...WOHOOOSIND DPFAFFE... WOHOOWOHOO...

SAUBANDE! NICHT EINMAL MEIN WINTERSCHLAF IST IHNEN HEILIG!!!

AHNEN DENN DIE KLOSTERLEUTE NICHT, WAS IHNEN BLÜHT...?

WOHL KAUM, SONST HÄTTEN SIE DAS VATERUNSER NICHT NUR EINMAL GEBETET!

?

RAMMEN!

UND SIE KLOPFTEN AN DIE HÖLLENPFORTE – FREI VON JEDER FURCHT...

LASST, DIE IHR HIER EINTRETET, ALLE HOFFNUNG FAHREN.*

* Zitat inspiriert von der Inschrift auf dem Tor zur Hölle; aus „Divina Comedia", Canto 3, Vers 1–9.

"HEILIGER BENEDICTUS!"

"HALTET EIN! ICH BIN RUDOLF VON RADEGG, ICH WERDE..."

Radegg hat die Ereignisse später tatsächlich in Versen festgehalten. Im Buch „Capella Heremitana" schildert er den Klostersturm in den dunkelsten Farben. Eine Abschrift befindet sich im Klosterarchiv Einsiedeln...

"...EURE SCHANDTATEN IN VERSE SCHMIEDEN! AUF DASS DIE NACHWELT..."

"HOMINES QUI NON HOMINES DICI!*"

"FERA MONSTRA!**"

"HAEC GENS EST PERVERSA, MALA, PEIOR, PESSIMA!***"

* Ihr seid Menschen, die man nicht als Menschen bezeichnen kann!
** Wilde Monster!
*** Diese Leute sind pervers, schlecht, schlechter, am schlechtesten!

Radegg schreibt:

Hic nihil est fictum!*

Sie entblössten die Altäre,
rissen den Hochaltar aus den Angeln …
Goldene Kelche, Kruzifixe,
Gemälde trugen sie weg …
Oh verruchte Tat!
Die Gebeine der Heiligen wagten sie
aus ihrer Ruhe zu reissen.
Das verworfene, tyrannische Volk!
Diese Satansbrut, diese Ketzer,
diese Kirchenschänder!
Durch die unsinnigen Taten erhitzt,
tranken sie auch noch von unserem Weinchen.
So berauscht, liess jeder den Urin
und beschmutzte so den Tempel Gottes.

* Nichts wurde hier erfunden.

KÖBI – WAS MACHST DU DA?

KÜ

ICH VERSPRÜHE KUHMIST, SPRAYEN NENNT MAN DAS!

LASST GUT SEIN, LEUTE! DAS IST EIN GOTTESHAUS! DIESEN SCHRECKLICHEN TAG WIRD MAN UNS NIE VERZEIHEN!

AUF IMMER UND EWIG WIRD DIESE SCHANDTAT IN MEINEM BUCH...

GENUG! BRINGEN WIR DIE MÖNCHE NACH SCHWYZ!

Radegg schreibt:

Die ganze Nacht dauerte das Wüten und Plündern. Dann, zur Prim*, trieben sie uns hinaus vor das Kloster. Grölend und trinkend verbrannten sie Pergamentblätter, im Glauben, die wertvollen Urkunden unseres Klosters zu vernichten.

WO IST JOHANNES VON SCHWANDEN?

DER ABT? KEINE AHNUNG...

DU BIST DOCH DER SUBDIAKON, DU WIRST DAS JA WOHL WISSEN!

ER IST NACH PFÄFFIKON GEFLOHEN, SAMT DEN URKUNDEN.

ABGEHAUEN DER PFAFF? NACH PFÄFFIKON? EGAL, ABMARSCH LEUTE! UND DIE MÖNCHE NEHMEN WIR MIT!

WO FÜHRT UNS DER HERR NUR HIN?

DIE WEGE DES HERRN SIND UNERGRÜNDLICH...

* Prim, von lat. *prima hora*, erste Stunde; Arbeitsbeginn der Mönche, in der Regel um 6 Uhr früh

Panel 1: NA, MALEFIZ? WIRST DU DAS AUCH DEM ABT BERICHTEN?

IM ACHTEN HÖLLENKREIS SOLLT IHR SCHMOREN, IN STINKENDEM KOT ERSAUFEN!*

Panel 2: UND DU, JUNGER MANN? BIST DU NICHT DER JOHANNES VON REGENSBERG?** EINE SCHRECKLICH NETTE FAMILIE SEID IHR, ABER GOTT SEI DANK ALLE AM AUSSTERBEN!

Panel 3: UND DU, SCHNÖSEL? BIST DU NICHT EINER DER EDLEN VON GÜTTINGEN? PASS AUF, ICH HABE EIN GEFRÄSSIGES MÄUSCHEN IN DER TASCHE!

Ein Vorfahre des Güttinger Mönchs liess das hungrige Volk in seinen Speicher, verriegelte das Tor und legte einen Brand. Danach schossen Heerscharen von Mäusen aus den Trümmern, verfolgten den Grafen und frassen ihn auf. So erzählt es die „Legende von Güttingen".

Panel 4: WIE HEISST DU?

ULRICH VON HASENBURG AUS ASUEL.

Panel 5: AHA, EINER AUS DEM JURA! KOMM, STEIG AUF, DER WEG IST WEIT, DU BIST ZU ALT UND ZU WACKLIG.

Radegg schreibt:

Nachdem wir den Berg überschritten hatten, kamen wir zu einer mächtigen Letzimauer. Rothenthurm nannten sie den düsteren Ort. Hier machten die Frevler mit der geraubten Beute Rast. Die Klosterknechte nutzten die Gelegenheit ...

Panel 6: WIR SIND ARME KLOSTERKNECHTE, LASST UNS FREI!

GEBT UNS 5 STUTZ UND DIE PFERDE, DANN KÖNNT IHR ABHAUEN!

Panel 7: IHR NICHT! WEITER GEHTS!

Radegg schreibt:

Und so löste Königin Geld die Fesseln. Freudig kehrten die Knechte nach Hause zurück, und wir gingen tieftraurig ins Exil ...

---

* Der Satz bezieht sich auf die „Göttliche Komödie" von Dante Alighieri. Darin lässt der Dichter zahlreiche historische Persönlichkeiten in der Hölle schmoren.

** Die Freiherren von Regensberg, zu dieser Zeit noch ein bedeutendes adliges Geschlecht, starben um 1331 aus.

Radegg schreibt:

Als wir nach Schwyz kamen, eilten alle herbei und machten ihre Witze. Schlimmer als die Männer spritzten die Weiber ihr grausiges Gift der Worte gegen uns.

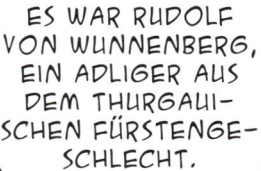

— DA KOMMEN DIE HEILIGEN FÜRSTENSÖHNCHEN!

— IHR SEID ES, DIE UNS AUS DER KIRCHE VERBANNT HABT!

— ARMSELIGE PFAFFEN!

— IHR SOLLT IN DER HÖLLE SCHMOREN, NICHT WIR!

— UND SO HAT GOTT DAS WEIB GESCHAFFEN?

— HALTET EIN! DIESE KLOSTERPLÜNDERUNG WAR ARG GENUG! EINE SCHANDE, HEINRICH, DASS DU DAS NICHT VERHINDERN KONNTEST.

— ES IST AUS DEM RUDER GELAUFEN, KEINE FRAGE...

— VERTEILT DIE MÖNCHE AUF DIE HÄUSER, FESSELT SIE, ABER BEHANDELT SIE GUT.

DA DURCHDRANG EISIGE KÄLTE DIE HERZEN MEINER BRÜDER, BEI VIELEN QUOLLEN TRÄNEN HERVOR. MAN GAB UNS NUR HARTES BROT UND WASSER OHNE WEIN. AM 7. TAG WURDE UNS ERLAUBT, EINEN BOTEN ZU DEN FÜRSTEN ZU SENDEN, UM ZU VERHANDELN. WIR WÄHLTEN AUS UNSERER MITTE EINEN TREFFLICHEN MANN, GESCHICKT IN SITTE UND REDE...

ES WAR RUDOLF VON WUNNENBERG, EIN ADLIGER AUS DEM THURGAUISCHEN FÜRSTENGESCHLECHT.

Viele Fürstenhäuser steckten damals ihre Söhne – meist die jüngsten – ins Kloster. So die Grafen von Regensberg, von Habsburg-Rapperswil, von Güttingen, von Gösgen und von Toggenburg. Und all diese Nobiles waren in irgendeiner Form miteinander verwandt oder verbandelt.

Wir warteten gebannt auf die Reaktion der Fürsten. Würden sie Lösegeld anbieten? Oder sich zusammentun und angreifen? Oder versuchten sie gar, Herzog Leopold, den Schirmherrn des Klosters, zum Einschreiten zu bewegen?

Er ist zurück!

Hier sind die Antworten der Fürstenhäuser. Sie verlangen die Freilassung der Gefangenen, sichern euch aber Urfehde* zu.

Na also, das ist doch schon was! Und Lösegeld?

Kein Lösegeld, nein. Und die zweite schlechte Nachricht für euch: Der Bischof hat den Kirchenbann auch noch über Uri und Nidwalden verhängt.

Alle drei Waldstätte exkommuniziert? Unerhört!

Und damit nicht genug, Stauffacher! Auch die Habsburger haben reagiert: Herzog Leopold hat im Namen seines Bruders Ludwig den Reichsbann über die Waldstätte verhängt. Gleichzeitig verbietet er euch den Zugang zum Markt in Luzern...

Kirchenbann, Reichsbann, Wirtschaftssanktionen – was noch?! Das haben wir wegen diesem Pfaffentheater sicher nicht verdient!

Oh doch, Stauffacher! Mit diesem Guguus habt ihr uns das eingebrockt! Nun können wir unsere Waren nicht mehr absetzen! Unsere Kinder werden verhungern!

Lasst die Mönche frei!

Jetzt muss der Homberg die Sache richten! Schliesslich hat er uns da reingeritten!

* Zusicherung, auf Rache zu verzichten.

HOMBERG, DER GEWIEFTE STRATEGE, RÄT DEN SCHWYZERN:

RUHIG BLUT, FREUNDE!

SCHICKT EINEN BOTEN ZU LUDWIG DEM BAYERN UND TEILT IHM MIT: ER, LUDWIG, SEI FÜR EUCH DER RECHTE KÖNIG. BITTET IHN, EUCH DIE REICHSUNMITTELBARKEIT NOCHMALS ZU BESTÄTIGEN UND SICH BEIM BISCHOF DAFÜR ZU VERWENDEN, DASS DER KIRCHENBANN AUFGEHOBEN WIRD. IGNORIERT DIE WIRTSCHAFTSSANKTIONEN! VERKAUFT EURE WAREN IN LUZERN, ALS SEI NICHTS GEWESEN! IN FREUNDSCHAFT, EUER REICHSVOGT WERNER VON HOMBERG, RAPPERSWIL.

Was Homberg vorschlug, war ein Affront gegen die Habsburger. Als Schirmvögte des Klosters konnten sie die Plünderung nicht einfach hinnehmen. Als Anwärter auf den Königsthron mussten sie Stärke zeigen. Zudem war ihnen der aufstrebende Homberg ein Dorn im Auge.

UND IN UNSEREM DORF ÄNNET DEN MYTHEN?

FRÜHER ODER SPÄTER...

WAAAS?

...WERDEN DIE HABSBURGER...

ABER WANN...?

GUET NACHT!

RUHE!

DA LIEGT WAS IN DER LUFT...

WIE ES WIRKLICH WAR …

ALLES ERSTUNKEN UND ERLOGEN!

Fladexaver, der Munggenstalder Dorfchronist, hebt den Zeigefinger zu Recht: Nicht alles in unserem Comic entspricht den wahren historischen Begebenheiten – wobei: Was ist wahr? Was wurde später dazugedichtet? Was frei erfunden? Die Quellenlage zur Entstehungsgeschichte der Alten Eidgenossenschaft ist nämlich alles andere als klar. Viele Dokumente gingen verloren. Das Meiste wurde erst im Nachhinein aufgeschrieben. Einiges später zu Mythen ausgeformt. So weiss man heute, dass ein sogenannter Befreiungskampf, bei dem Burgen zerstört und Vögte ermordet wurden, nicht wirklich stattgefunden hat. Es gab zwar ab dem 13. Jahrhundert in der Innerschweiz gewisse Freiheitsbestrebungen, sie waren jedoch zunächst vor allem wirtschaftlicher Natur und zielten nicht auf eine selbstständige, wie auch immer geartete „Nation". Es gab damals ja noch nicht einmal Kantone.

WALDSTÄTTEN

Mit den „Waldstätten" sind um 1300 die damals noch stark bewaldeten Länder Uri, Schwyz und Unterwalden gemeint. Später wurde auch noch Luzern zu den Waldstätten gezählt. Da all diese Länder am selben See liegen, nennt man diesen den „Vierwaldstättersee". Insgesamt lebten damals nur gerade 20 000 Menschen in dieser alpinen, abgeschiedenen Region. Viele waren Leibeigene, arbeiteten also als „Angestellte" eines Fürsten oder Klosters oder mussten Abgaben bezahlen. Dazu kamen freie Bauern, die im besten Fall ein kleines Stück Land und einige Ziegen oder Schafe hatten. Was das Volk damals beschäftigte, war nicht Politik oder Demokratie im heutigen Sinn, sondern genug Nahrung zu haben. Und die Gewissheit, nicht der Willkür der Fürsten ausgeliefert zu sein, die immer höhere Steuern abverlangten, um ihre Kleinkriege und Streitereien zu finanzieren. Hier eine Ritterfehde, da eine grössere Schlacht und ab und zu ein Kreuzzug ins Heilige Land: Kriegerische Auseinandersetzungen waren – neben einer geschickten Heiratspolitik – die Hauptbeschäftigung des Adels. Heute würde man sagen: ihr Job. Gleichzeitig oblag den Adligen der Schutz ihrer Untertanen, eine Leistung, die sie sich durch Steuern oder Frondienste bezahlen liessen. Und ganz oben auf dem Macht- und Herrschaftspodest stand der König oder Kaiser, und auch der brauchte immer und vor allem eines, um seine Machtposition zu sichern: Geld.

REICHSUNMITTELBARKEIT

In diesem komplizierten Gefüge, das in den „oberen Etagen" ständig in Bewegung und entsprechend unsicher war, versuchten die Bewohner der Waldstätten, sich gewisse Privilegien zu sichern. Dazu gehörte die freie Wahl der Richter. Oder die Möglichkeit, Landverkäufe selber zu regeln und die Klöster dazu zu bringen, sich finanziell an den Gemeindekosten zu beteiligen. Die Oberhoheit des Königs oder Kaisers wurde jedoch nie in Frage gestellt, im Gegenteil: Immer wieder liessen sich die Waldstätten die sogenannte Reichsunmittelbarkeit bestätigen. Sie wollten direkt und nur dem König oder Kaiser unterstellt sein. Denn das bedeutete: weniger Steuern, weniger Frondienste, mehr Handlungsspielraum. Die immer wieder erneuerten Freiheitsbriefe, eine Vielzahl von Dekreten und schliesslich die Bundesbriefe von 1291 und 1315 zeigen: Die Leute in den Waldstätten waren geschickte Taktiker und Diplomaten. Und falls dies nicht half, dann nahm man halt ein paar Mönche gefangen, oder man griff zur Hellebarde …

DER MARCHENSTREIT

Munggenstalden, das kleine Dorf an der Alpel, haben wir frei erfunden. Nicht aber den Konflikt mit dem Kloster Einsiedeln. Er ist als „Marchenstreit" in die Geschichte eingegangen und gilt als einer der Gründe, die 1315 zur Schlacht am Morgarten führten.

Doch wie ist es zu diesem Streit mit dem Kloster gekommen?

Die Schwyzer waren ein geburtenreiches Völkchen. Um all die hungrigen Mäuler zu stopfen, brauchten sie Weideland. Das fanden sie ännet den Mythen: Dort gab es saftige Wiesen, genug Wasser und viel Wald, den man roden und nutzbar machen konnte. Einziges Problem: Der „Finstere Wald", wie man das Gebiet damals nannte, gehörte dem Kloster Einsiedeln. 1018 hatte es Kaiser Heinrich II. dem Kloster geschenkt. Aus Sicht der Schwyzer war dies aber nicht statthaft. Nach altem alemannischem Rodungsrecht gehörte das Land allen. Und weil sie als Erste hier gerodet hatten, beanspruchten sie es für sich und begannen, sich hier niederzulassen.

Es versteht sich, dass die Klosterleute damit nicht einverstanden waren. 1114 bat Abt Gero den Kaiser einzuschreiten. Heinrich V., der damals in Basel weilte, befahl den Schwyzern, die Gebiete zurückzugeben. Gleichzeitig bestätigte er die Besitzrechte des Klosters im „Finsteren Wald".

Die Schwyzer hielten sich nicht daran und griffen sogar die klösterlichen Hofleute an. 1218 schritten die Schirmvögte des Klosters ein: Sie zerstörten die Hütten und Ställe der Schwyzer, beschlagnahmten ihr Vieh und töteten sogar einige der Bauern.

DIE SCHÖLLENEN

Um 1220 wurde in der Schöllenenschlucht die Teufelsbrücke gebaut. Zusammen mit der Twärrenbrücke – einem wahrscheinlich an Ketten aufgehängten Holzsteg – wurde die Gotthardroute durchgehend begehbar. Damit wurde der Handel mit Mailand attraktiv. Die Cleveren unter den Bauern begannen, auf Viehherden für den Export umzustellen. Auch das Kloster Einsiedeln stieg mit der Zucht von Rinderherden und Pferden in den Handel ein. Dadurch wurde der Bedarf an Weideland auf beiden Seiten grösser.

KIRCHENBANN

1282 schaltete das Kloster den Papst ein: Martin IV. erliess eine Bulle (päpstliche Verfügung) und beauftragte den Bischof von Konstanz, die Schwyzer mit dem Kirchenbann zu belegen. Der Kirchenbann – auch Exkommunikation genannt – war eine harte Strafe: Es durften keine Gottesdienste mehr abgehalten werden, kirchliche Handlungen wie Taufen, die Kommunion oder das Erteilen von Sterbesakramenten waren verboten. Die Menschen waren überzeugt, dass sie ohne diese Sakramente in die Hölle kommen würden. Der Bann wurde kurze Zeit später zwar wieder aufgehoben, gab dem Marchenstreit aber eine neue Dimension: Nun hatte sich erstmals auch die höchste Instanz der Kirche in den Konflikt eingeschaltet.

1308 eskalierte der Konflikt: Plündernd zogen die Schwyzer durch das klösterliche Gebiet, setzten Höfe in Brand, raubten Vieh und erschlugen Klosterbauern. 1309 belegte der Bischof von Konstanz die Schwyzer erneut mit dem Kirchenbann. Dagegen appellierten die Schwyzer beim Papst. 1310 liess dieser den Bann auflösen. Allerdings wurden die Schwyzer verpflichtet, die Weiden zu verlassen. Da die Schwyzer sich nicht daran hielten, wurden sie im März 1313 wieder exkommuniziert.

IM „FINSTEREN WALD"
In dieser Zeit setzt die Handlung in unserem Comic ein: Im Sommer 1313 überquert ein Tross Schwyzer die Holzegg, um sich ännet den Mythen, damals „Finsterer Wald" genannt, anzusiedeln. Während sie Wald roden und Hütten bauen, stirbt im August 1313 Kaiser Heinrich VII. in Siena. Die Nachfolge ist unklar, es kommt zu einem Interregnum, einer königslosen Zeit. Die Schwyzer nutzen das Machtvakuum aus.

KLOSTERSTURM
In der Dreikönigsnacht 1314 stürmen sie das Kloster Einsiedeln und führen etliche Mönche als Gefangene nach Schwyz. Ob einer der Stauffacher-Brüder dabei war, geht aus den Chroniken nicht hervor. Es ist aber durchaus möglich, dass Landammann Werner von Stauffacher die Plünderer anführte, später in der Geschichtsschreibung aber aus diesem unrühmlichen Kapitel entfernt wurde. Wir haben – sozusagen als Kompromiss – seinen jüngeren Bruder als „Sündenbock" auf die Piste geschickt.

Der Marchenstreit wütete danach noch lange weiter und wurde erst 1350 beigelegt.

KEIN EINZELFALL
Nicht nur ännet den Mythen, überall in den Waldstätten gab es Streitereien zwischen den Bauern und den Klöstern wegen dem Weideland: Am Brünig stritten die Unterwaldner mit dem Kloster Interlaken. Am Surenenpass lagen die Urner im Streit mit dem Stift von Engelberg, auf dem Klausenpass mit den habsburgfreundlichen Glarnern. Vor allem in unsicheren Zeiten, zum Beispiel bei einem Königswechsel oder während eines Interregnums, flammten solche Streitigkeiten auf, weil sich niemand mehr an die Verträge und Versprechen hielt. Exemplarisch zeigt dies der Beschluss aus dem Jahr 1275 über die Nutzung der Alpweiden auf dem Surenenpass. Er hält fest:

Der Konvent von Engelberg und die Leute von Uri dürfen die Sureneralp gemeinsam nutzen. Für die Urner, die mit den Alpweiden der „Gegner" offenbar nicht immer respektvoll umgingen, gab es eine Sonderregelung:

Wenn die Leute von Uri wegen Unwetter Not und Verderbnis in ihren Alpen leiden, so sollen sie Zuflucht haben zu den Alpen des Gotteshauses von Engelberg, jedoch so, dass sie die Zäune und Wiesen daselbst in Ordnung halten. Und sobald die Unbilden des Unwetters von ihren Alpen sich verzogen haben, dann sollen die von Uri ohne Verzug wieder abziehen von den Alpen des Klosters und zu ihren Alpen fahren.

Es folgen die Unterschriften von 46 Personen, darunter des Freiherrn von Attinghausen, der damals Landammann der Urner war. Natürlich brauchte es stets auch einen Notar. In diesem Fall war es Johannes Kaltschmid, der das Originaldokument mit den Siegeln abschrieb und an die Beteiligten verteilte, was in der lateinischen Amtssprache hiess: *scripsit ab originalibus litteris sigillatis.*

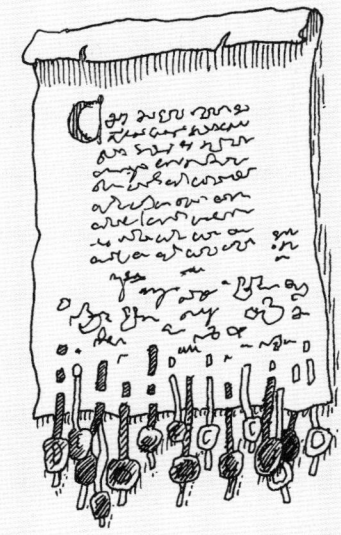

KLERIKALE GROSSMÄCHTE

- ■ Kloster
- ○ Siedlung, Ortschaft
- ▬ Kloster Einsiedeln
- ▬ Kloster Wettingen
- ▬ Fraumünsterabtei
- ▬ Kloster Engelberg
- ▬ Kloster Disentis
- ▬ Kloster Muri

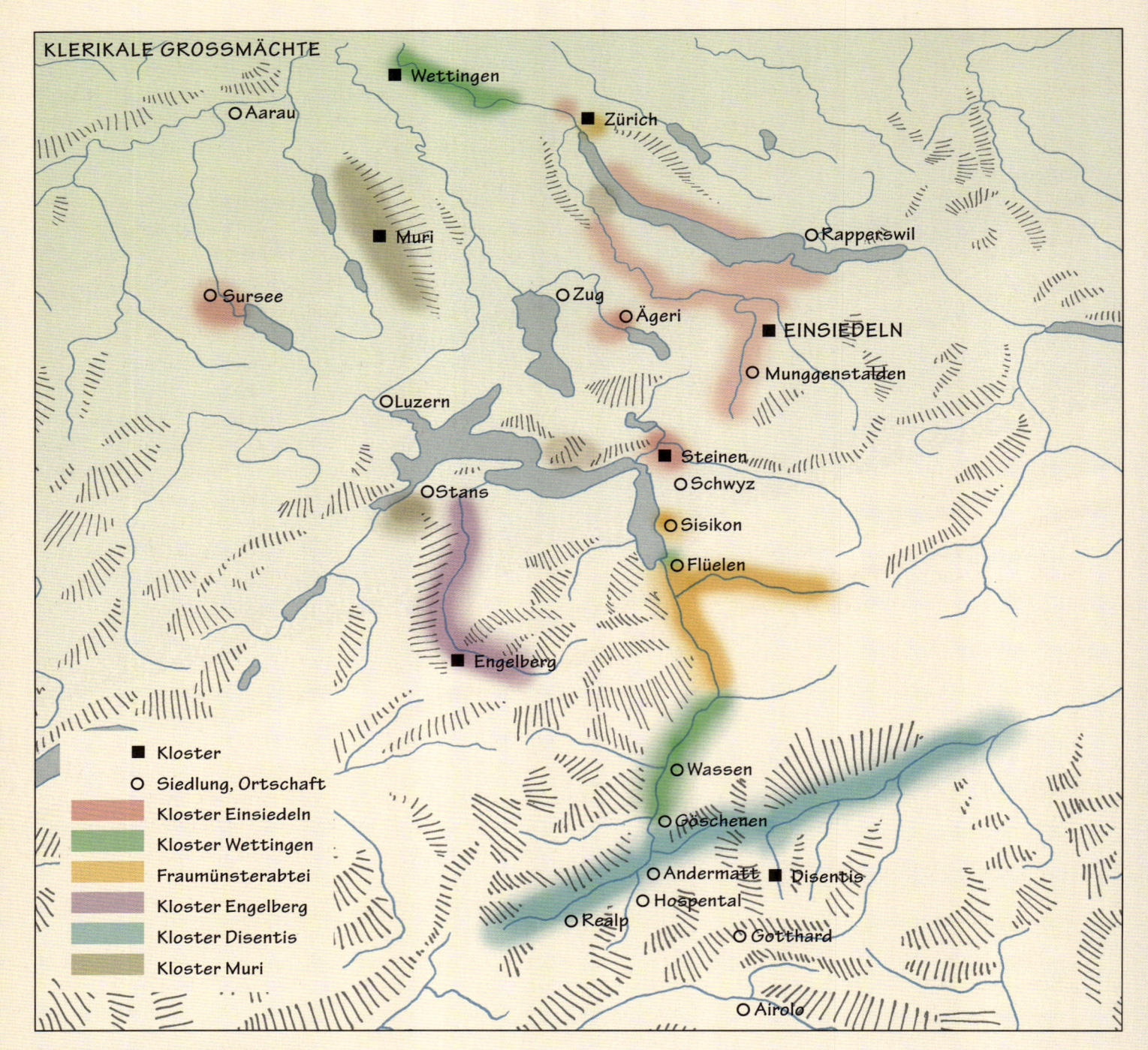

KLOSTER EINSIEDELN

Das Kloster Einsiedeln wurde 947 gegründet und bekam von König Otto I. – dem späteren römisch-deutschen Kaiser – reichlich Startkapital in Form von Ländereien. Dazu gehörten Grundstücke in Einsiedeln sowie am Zürichsee die Insel Ufenau, die Orte Pfäffikon, Uerikon und Meilen. Im Jahr 1018 schenkte Kaiser Heinrich II. dem Kloster noch das Alptal und das obere Sihltal, auch „Finsterer Wald" genannt. Damit war die einst kleine Benediktinerabtei bereits zu beachtlicher Grösse gewachsen. In der Folge kamen ständig neue Ländereien und Höfe dazu, unter anderem in Freienbach, Hurden, Bäch, Wollerau und Lachen. Auf der rechten Zürichseeseite in Stäfa, Männedorf, Herrliberg und Erlenbach.

Streubesitz hatte das Kloster zudem in Menzingen, im Ägerital und in der Region Sursee. Dazu kamen Güter in den heutigen Kantonen Aargau, Zug, Luzern, Bern und Solothurn. Sogar im Elsass, im Breisgau und in Vorarlberg war das Stift als Landbesitzer präsent.

Wen wunderts, wurde das Kloster zunehmend als wirtschaftliche Grossmacht wahrgenommen, zumal die

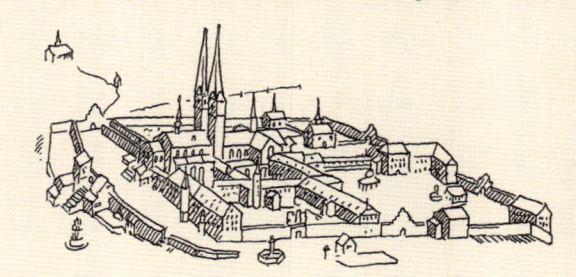

Benediktiner ihren Leitspruch „ora et labora" (beten und arbeiten) gekonnt umzusetzen wussten: Sie waren hervorragende Geschäftsleute, verfügten über gut ausgestattete Höfe, züchteten Pferde und Rinder, produzierten Getreide, Gemüse und Obst und wurden so zu einem wichtigen Faktor im Wirtschaftsgefüge. Noch heute ist das Kloster Einsiedeln der grösste private Grundbesitzer der Schweiz.

Mit zum Aufstieg trug bei, dass Einsiedeln am Jakobsweg liegt und die Schwarze Madonna Anziehungspunkt zahlreicher Pilger war – und heute noch ist.

WEITERE KLÖSTER IN DEN WALDSTÄTTEN

Auch andere Klöster entwickelten sich im 13. und 14. Jahrhundert zu Grossgrundbesitzern. Gegründet wurden alle von reichen Adligen oder den damaligen Landesfürsten. Die Aufgabe der Klöster bestand darin, für das Seelenheil ihrer Gönner zu beten. Sie wurden dafür finanziell entschädigt und erhielten weiteres Land geschenkt. Die Klöster nutzten ihren Reichtum für neue Landkäufe, den Bau von Wirtschaftsgebäuden, Getreidespeichern, Mühlen, besseren Strassen usw. Die Bevölkerung profitierte in mehrfacher Hinsicht: Viele Menschen fanden Arbeit und kamen so zu einer gesicherten Existenz. In den Klosterschulen lernten die jungen Leute lesen und schreiben.

KLOSTER WETTINGEN

Graf Heinrich II. von Rapperswil kaufte um 1220 Güter in Wettingen sowie das Patronat über die Kirche des Dorfs. Nachdem er während der Kreuzzüge aus Seenot gerettet worden war, gründete er zum Dank das Wettinger Zisterzienserkloster „Maris Stella" (Stern des Meeres). Um 1300 gehörten dem Kloster Ländereien, Höfe und Kirchen im Limmattal, in Zürich, in Riehen (BL) und in Uri, unter anderem in Flüelen, Erstfeld, Altdorf, Göschenen und im Meiental bei Wassen. Schirmherren des Klosters waren bis 1415 die Habsburger, danach die Eidgenossen.

FRAUMÜNSTERABTEI ZÜRICH

853 gründete König Ludwig der Deutsche, ein Karolinger, die Fraumünsterabtei in Zürich und vermachte dem Stift Ländereien in und um Zürich sowie in Uri, damals Uronia genannt. In allen bedeutenden Siedlungen des Urnerlandes war die Fraumünsterabtei präsent. So ist urkundlich nachweisbar, dass die Äbtissin um 1250 zahlreiche Grundstücke und Patronatsrechte in Flüelen, Altdorf, Bürglen, Schattdorf, Silenen, im Schächental sowie am Vierwaldstättersee in Sisikon besass. Um 1300 hatte die Fraumünsterabtei den grössten Besitz aller Klöster in der Schweiz.

KLOSTER ENGELBERG

Die Benediktinerabtei in Engelberg (OW) wurde 1120 von den Freiherren von Sellenbüren gegründet und mit Mönchen aus dem Kloster Muri besiedelt. Die Familie tritt in den Quellen kaum in Erscheinung, muss aber vermögend gewesen sein. Alle drei bekannten Freiherren verschenkten grosszügig Güter und Rechte im Reppischtal und der weiteren Umgebung an Klöster. Das Kloster Engelberg besass in Unterwalden nicht nur viele, weit herum verstreute Güter, sondern schon im Jahr 1128 auch sämtliche Hoheitsrechte im Tal Engelberg und auf den Alpweiden. Auf dem Surenenpass stand das Kloster im Streit mit den Urnern wegen den Weiderechten.

KLOSTER DISENTIS

Das Urserental mit den Siedlungen Andermatt und Hospental – damals Ursaria (Bärental) genannt – war seit 800 im Besitz des Bündner Klosters Disentis. Ab 1232 waren die Grafen von Rapperswil die Schirmvögte. Nach dem Aussterben der männlichen Linie der Rapperswiler kam die Vogtei 1283 an das Haus Habsburg, 1317 ging diese an einen Verwalter aus dem niedrigen Adel aus Uri. Uri versuchte verschiedentlich, die Talschaft in seine Gewalt zu bringen, um den Gotthardpass unter seine Kontrolle zu bringen.

KLOSTER MURI

Ita von Lothringen, die Gattin des Habsburger Grafen Rabot, gründete um 1027 das Kloster Muri, das danach lange das Hauskloster der Habsburger war. Es war im gesamten aargauischen Freiamt präsent, besass zwölf Höfe in Thalwil, Streubesitz in Gersau, in Nidwalden, im Elsass und im Markgräflerland. Um 1160 verfasste ein namentlich unbekannter Mönch des Klosters eine Chronik, die „Acta Murensia", die detaillierte Einblicke in die Expansionspolitik des Klosters erlaubt.

KLOSTER ZUR AU

1262 erteilte Bischof Eberhard von Konstanz einer Gruppe von Zisterzienserinnen die Erlaubnis, ein Kloster in Steinen (SZ) zu bauen. Zum Kloster gehörte Land in und um Steinen, Streubesitz in Nidwalden, in Uri sowie über ein Erblehen des Fraumünsters ein Rebberg in Zürich-Enge. Weitere Beginen-Kloster befanden sich in Schwyz und im Muotathal.

FRÜHFORMEN DER DEMOKRATIE

Bereits im 13. Jahrhundert haben die „Landlüte von Schwyz" Versammlungen abgehalten und Beschlüsse gefasst. 1282 zum Beispiel wurde nach dem Gottesdienst in der Kirche von Schwyz der Verkauf eines Stücks Lands im Münstertal (heute Iberg) verhandelt. Unterschrieben haben den Beschluss vier Ammänner – Rudolf Stauffacher, Chuonrat ab Iberg, Ulrich der Schmid und Werni von Seewen – sowie 46 Leute aus dem Volk wie Heinrich der Schmid, Peter Zuokäse oder Peter Brunning. Dass die Versammlung in der Kirche abgehalten wurde, lässt darauf schliessen, dass noch mehr Leute anwesend waren. Klar ging es bei diesem Beschluss nur um einen Landverkauf. Trotzdem zeigt das Dokument, dass es damals – und wahrscheinlich sogar schon früher – einen hohen Grad an Selbstorganisation und Mitbestimmung gab.

KEIN LANDVERKAUF AN KLÖSTER

Politisch bedeutsam ist die Schwyzer Landsgemeinde, die 1294 stattfand. Bedeutsam deshalb, weil sie drei Jahre nach der Abfassung des berühmten Bundesbriefs von 1291 stattfand und die Funktion der Landsgemeinde als Rechtsaufsicht und als Gesetzgeber aufzeigt. Zwei Beschlüsse wurden gefasst:

1. *Die Landleute von Schwyz setzen eidlich fest: Niemand soll liegendes Gut an ein Kloster im Land verkaufen oder schenken.*
2. *Klöster, die nicht an die Steuer beitragen, sind vom Niessbrauch der Gemeinsgüter wie Wasser, Feuerholz und Weiderecht ausgeschlossen.*

Das Verbot, den Klöstern „liegendes Gut" – heute würde man sagen Immobilien – zu verkaufen oder zu schenken, richtet sich gegen eine damals verbreitete Gepflogenheit: Trat ein Sprössling einer Familie in ein Kloster ein, wurde dem Stift Land geschenkt, um dessen Unterhaltskosten zu decken. Viele adlige Familien schenkten den Klöstern aber auch Land, um sich so einen „Platz im Himmel" zu sichern. Zum Dank für die Zuwendungen beteten die Mönche für die Gönner, oder es wurden eigens Messen abgehalten. Die klösterlichen Territorien wuchsen so ständig, was notwendigerweise zu Konflikten mit den lokalen Bauern führte. Dies versuchte man mit dem Verkaufs- bzw. Schenkungsverbot zu unterbinden.

Beim zweiten Beschluss geht es um Solidarität: Auch die Klöster müssen sich an den Ausgaben der Gemeinde beteiligen. Tun sie dies nicht, werden sie von der Nutzung der Gemeindegüter (Wasser, Holz, Weiden, Allmenden) ausgeschlossen. Damit widersetzten sich die Gemeinden der damals üblichen Steuerbefreiung der Klöster und setzten auf eine gerechte, solidarische Verteilung der Lasten.

NICHT NUR IN SCHWYZ

Solche Frühformen der Demokratie gab es auch in Uri, im Haslital, im Bleniotal und an anderen Orten. Natürlich haben nicht die einfachen Bauern oder Hirten die juristischen Formulierungen abgefasst. Es waren lese- und schreibkundige Leute aus der Oberschicht, in der Regel aus alteingesessenen Familien, etwa Werner Stauffacher aus Steinen oder die Freiherren von Attinghausen in Uri. Aber auch sie wurden vom Volk an den Landsgemeinden gewählt, wobei da durchaus auch Familienbande, wirtschaftliche Abhängigkeiten, in einzelnen Fällen sogar Schmiergelder mitgespielt haben können.

DAS PFERD DER NONNEN VON STEINEN

Dass die Landleute ihre Beschlüsse auch umzusetzen wussten, zeigt das Beispiel von Steinen:

Als das dortige Zisterzienser Frauenkloster in der Au die Steuern nicht bezahlen wollte, nahmen die Ammänner Rudolf von Stauffacher und Werner von Seewen kurzerhand ein Pferd der Nonnen als Pfand. Dies geschah 1299, als Albrecht von Habsburg König war. Seine Gemahlin, Königin Elisabeth, wandte sich daraufhin in einem Brief an die *umsichtigen und taktvollen Männer der gesamten Landsgemeinde von Schwyz* und schrieb: *Ich wünsche mir dies Pferd zurückgegeben zu wissen.* Der Historiker Aegidius Tschudi, dem wir diese Episode verdanken, fügt hinzu, König Albrecht hätte danach die Beschwerde der Landleute angehört und die Besteuerung des Klosters für richtig befunden. Gleichzeitig forderte er die Schwyzer auf, den Nonnen doch bitte das Pferd zurückzugeben.

Eine Anekdote? Ja, allerdings eine, die besonders schön zeigt, wie viel diplomatisches Geschick und durchaus auch Schlitzohrigkeit die damaligen Chronisten den Eidgenossen zuschrieben.

FLICKENTEPPICH

Das „Chriesidorf" Steinen liegt ein paar Steinwürfe von Schwyz entfernt. Der Ort wird auch „Stauffacherdorf" genannt, weil hier Werner von Stauffacher zu Hause war, dessen Familie während Jahrzehnten die Schwyzer Landammänner stellte.

Die flickenteppichartige Besitzstruktur, die damals im ganzen Gebiet der Eidgenossenschaft die Regel war, lässt sich am Beispiel von Steinen gut aufzeigen: Die Grafen von Lenzburg hatten im 11. Jahrhundert in Steinen Land erworben, mitten in einem Durcheinander von Sümpfen, Riedlandschaft, Bächen, Wald und Weiden. Danach ging ihr Besitz an die Kyburger und im 13. Jahrhundert an die Habsburger über, die im benachbarten Arth bereits über Bauernhöfe und Land verfügten. Auch die Kirche war in Steinen präsent: zum einen mit dem Kloster Einsiedeln, das hier einen Hof mit Land besass, zum anderen mit dem Zisterzienserkloster in der Au, das seit 1262 in Steinen über ein Frauenkloster mit einem Bauernhof und Land verfügte.

Als sei dies nicht genug, thronte auf der Insel im Lauerzersee auch noch die Burg Schwanau, die Sitz tyrannischer Vögte gewesen sein soll. 1308, so will es die Befreiungssage, soll die Burg vom Volk gestürmt worden sein. Archäologische Untersuchungen zeigten jedoch, dass die Burg seit 1250 nicht mehr bewohnt war und auch keine mutwillige Zerstörung stattfand. Ein wie auch immer geartater „Befreiungskrieg" fand hier also nicht statt. Trotzdem kann davon ausgegangen werden, dass auch in Steinen nicht einfach nur Friede, Freude, Eierkuchen herrschte. Wie überall in den Waldstätten waren es vor allem die klösterlichen Besitzungen, die Anlass zu Konflikten gaben. Immer wieder kam es zu Übergriffen auf klösterliches Gut, unter anderem mit Diebstahl von Holz im Wald der Nonnen und Mönche. Es waren nicht zuletzt solche lokalen Auseinandersetzungen, die das Geschehen damals prägten. Man kann sich vorstellen, wie viele solcher „Mikrokonflikte" ein König oder Kaiser damals zu bewältigen hatte. Und gerade weil er dies nicht immer und überall schaffte, entstanden Freiräume, welche die Leute in den Waldstätten zu nutzen wussten.

JETZT WIRD AUCH KLAR, WARUM DIE KÖNIGE UND KAISER SO VIEL HERUMREISTEN: SIE MUSSTEN ÜBERALL SO OFT WIE MÖGLICH PRÄSENT SEIN, UM IHRE HERRSCHAFTSANSPRÜCHE UND DAS GELTENDE RECHT DURCHZUSETZEN.

DER GENIALE CHRONIST AUS SARNEN

Wie entstehen aus wahren oder unwahren Geschichten Mythen? Um diese Frage zu klären, kommt man um Hans Schriber nicht herum. Er wirkte im Ratshaus von Sarnen als Landschreiber und verfasste um 1470 das „Weisse Buch von Sarnen", das eine wichtige Quelle für die Geschichte(n) der Alten Eidgenossenschaft darstellt. Zahlreiche historische Ereignisse hat der Chronist frei erfunden. Die Storys mit den „bösen Vögten" zum Beispiel. Oder die Erstürmung von Burgen. Seine genialste literarische Erfindung aber ist der berühmte Held mit der Armbrust!

"DAS IST GARANTIERT EIN MUNGGENSTALDER!"

Natürlich nicht, Wilhelm Tell ist ein Urner!

WILHELM TELL

Wer kennt ihn nicht, den stolzen Bergler und Meisterschützen aus der Innerschweiz? Der Sage nach soll sich Tell geweigert haben, den Hut eines tyrannischen Vogts namens Gessler zu grüssen. Zur Strafe muss Tell auf einen Apfel schiessen, der auf dem Kopf seines Sohns Walter liegt. Der Schuss gelingt. Doch Tell hat noch einen zweiten Pfeil im Köcher...

„Was wolltest du mit diesem zweiten Pfeil?" fragt Gessler. „Hätte ich meinen Sohn getroffen, dann hätte ich Euch mit diesem Pfeil getötet – und wahrlich, Euch hätte ich nicht verfehlt!" sagt Tell.

Gessler befiehlt, Tell gefangen zu nehmen und auf einem Boot auf seine Burg nach Küssnacht zu bringen. Auf dem Vierwaldstättersee kommt ein Sturm auf, Tell gelingt es, auf eine Felsplatte zu springen. Er eilt nach Küssnacht, erwartet den Vogt in einem Hohlweg und erschiesst ihn aus dem Hinterhalt heraus mit der Armbrust.

COPY PASTE

Heute weiss man: Hans Schriber hatte die Story von den Dänen übernommen: Exakt die gleiche Geschichte wird nämlich in der Sage „Toko" erzählt, die im 12. Jahrhundert von einem dänischen Mönch namens Saxo Grammaticus verfasst wurde. Dort ist es der dänische König Blauzahn, der einen rebellischen Bogenschützen zwingt, auf einen Apfel zu schiessen, der sich auf dem Kopf seines Kindes befindet. Auch er trifft, und auch er hat einen zweiten Pfeil im Köcher. Das Motiv taucht später noch in anderen nordischen Sagen auf. Schriber musste die Story gekannt haben und verpflanzte sie kurzerhand nach Altdorf.

"DÄNEN ZEIGEN WIR'S!"

AEGIDIUS TSCHUDI

Zur weiteren Ausschmückung trug Aegidius Tschudi bei. Der in Flums – damals Kanton Glarus – geborene Historiker schrieb um 1534 das „Chronicon Helveticum". Darin datiert er den Apfelschuss auf das Jahr 1307 und behauptet sogar, Tell sei auch am Rütlischwur dabei gewesen. Spätestens jetzt beginnt sich der sagenhafte Held aus der Fiktion zu lösen: Tell wird zu einer realen historischen Figur, zum nachgerade hollywoodreifen Freiheitskämpfer. Zahlreiche Künstler liessen sich von diesem Urgestein inspirieren.

FRIEDRICH SCHILLER

Am berühmtesten ist das Drama „Wilhelm Tell", das der deutsche Dichter Friedrich von Schiller verfasste und das 1804 erstmals aufgeführt wurde. Schiller wusste, dass das Ganze eine Sage war. Ihn faszinierte jedoch das zeitlos aktuelle Grundmotiv: der Kampf des einfachen Bürgers gegen die Obrigkeit. Der Wille, sich nicht alles gefallen zu lassen, und wenn es sein muss, den Tyrannen sogar zu ermorden. Jahrelang recherchierte Schiller. Sein Arbeitszimmer war mit Landkarten aus der Urschweiz tapeziert. Irgendwo hatte er gelesen, dass sich Gämsjäger ihre Fusssohlen blutig schneiden, um auf den steilen Felsen mehr Halt zu haben. Noch ein Mythos, den Schiller übernahm, um die Figur so urwüchsig wie möglich erscheinen zu lassen.

Doch Schiller hat Tell nicht nur als guten, freiheitsliebenden Naturmenschen geschildert. Es gibt kritische Stimmen im Drama, die von den Frauen kommen. So rügt Tells Frau ihren Mann mit den Worten: „Du hättest das nicht machen dürfen. Die wollen dich alle nur ausnützen." Sie macht ihm auch schwere Vorwürfe wegen des Schusses auf das eigene Kind. In den Gründungsmythen sind es fast immer die Frauen, die ihre „Haudegen" zur Vernunft oder, wenn sie unschlüssig sind, auf den rechten Weg bringen. Auch wir haben im Comic diese Regel eingehalten: Nach dem Klostersturm spricht „die Stauffacherin" die ermahnenden Worte.

Wie weit darf ein Individuum gehen? Wo beginnt das Recht des Einzelnen, wo die Verantwortung aller? Es sind solche Fragen, die den Mythos von Wilhelm Tell zeitlos aktuell machen. Das war auch den Brüdern Grimm klar, als sie 1818 den Stoff in ihre „Deutschen Sagen" aufnahmen. Desgleichen Rossini, der 1829 eine Oper schrieb. Zahlreiche Tell-Filme wurden bis heute gedreht. Max Frisch verfasste einen „Tell für die Schule", wobei er die Geschichte aus der Sicht Gesslers erzählte, was einer

Parodie gleichkam. Das Schiller'sche Drama beflügelte auch zahlreiche Volksbühnenstücke im 19. Jahrhundert. Unter anderem wurden Stücke aufgeführt, in denen Wilhelm Tell persönlich an der Schlacht teilnahm, oder zumindest sein Sohn Walter. Doch nicht nur literarisch und musikalisch hat Schribers „Copy paste" eine unglaubliche Wirkung ausgelöst. Keine andere Figur hat derart stark zur Identitätsbildung der Schweiz beigetragen. Keine andere ist weltweit so berühmt geworden. Losgelöst von der Figur, ist die Armbrust sogar zum Markenzeichen für Schweizer Präzision geworden.

Darin liegt die Kraft der Mythen: Sie sind vielleicht nicht wahr im historischen Sinn, beinhalten aber eine Wahrheit, die zeitlos ist und die Menschen zutiefst aufwühlt.

UND GESSLER? AUCH FREI ERFUNDEN?

Nicht ganz! Es gab zwar nie einen Vogt namens Gessler in der Innerschweiz, auch wenn die Burg in Küssnacht den Namen „Gesslerburg" trägt. Aber es gab im Aargau ein Adelsgeschlecht namens Gessler, das im Dienst der Habsburger stand. Und es gab einen Gessler im zürcherischen Grüningen, der ab 1375 im dortigen Schloss als Landvogt residierte. Er galt als stolz und brutal. Als einem Zürcher Kaufmann wegen Unterschlagung die Augen ausgestochen und die Zunge ausgerissen wurden, soll er den Befehl dazu erteilt haben. Durchaus möglich, dass es dieser Gessler war, der die Vorlage für den „bösen Vogt" in den Waldstätten abgab. Als Hans Schriber um 1470 die Geschichte schrieb, passte der Despot mit dem kecken Hütchen jedenfalls perfekt.

BEFREIUNGSSAGEN

Schriber erzählt in seinem „Weissen Buch" weitere Geschichten mit brutalen Vögten. Übernommen hatte er sie vom Chronisten Konrad Justinger, der in seiner Berner Chronik von einer „Willkürherrschaft habsburgischer Vögte" berichtet.

Einer dieser Despoten soll ein Vogt namens Beringer gewesen sein, der in Obwalden auf der Burg Landenberg residierte. Als er zwei Bauern sah, die mit Ochsen das Feld pflügten, befahl er seinem Knecht, die Tiere zu beschlagnahmen. Der Sohn des Bauern wehrte sich, griff den Knecht an und brach ihm einen Finger. Danach floh er nach Uri. Wutenbrannt liess der Landvogt den Vater blenden und enteignete die Familie. – So eindrücklich die Story ist, historisch ist sie nicht nachweisbar. Zudem zeigen archäologische Untersuchungen, dass die Burg Landenberg bereits um 1200 nicht mehr bewohnt war.

Ähnlich verhält es sich mit der Burg Rotzberg in Ennetmoos in Unterwalden. Sie wird von den Chronisten im 15. Jahrhundert als uneinnehmbare habsburgische Festung beschrieben, die 1308 durch listige, aufständische Eidgenossen zerstört worden sein soll.

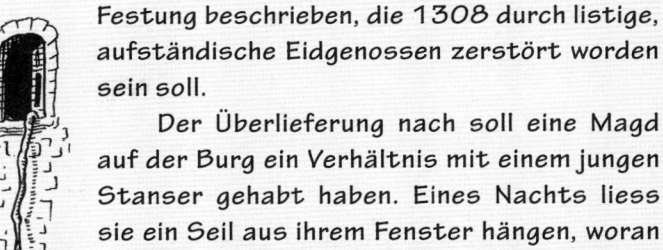

Der Überlieferung nach soll eine Magd auf der Burg ein Verhältnis mit einem jungen Stanser gehabt haben. Eines Nachts liess sie ein Seil aus ihrem Fenster hängen, woran der Jüngling hochkletterte. Während er sich mit der Geliebten vergnügte, drangen seine Freunde am gleichen Seil in die Festung ein und überwältigten die überraschte Besatzung. – Das klingt wie ein Märchen und ist auch eines. Die Historiker konnten nämlich nachweisen, dass die Burg bereits um 1230 leer stand. Auch eine gewaltsame Zerstörung konnte ausgeschlossen werden.

Erotische Qualitäten hat auch die Sage, die sich um den Landvogt von der Burg Rossberg dreht. Wolfenschiessen, so hiess der Mann, war eines Morgens vom Kloster Engelberg zu seiner Burg unterwegs, als er bei Altzellen eine attraktive, auf dem Felde arbeitende Bäuerin sah. Itta hiess die Schöne und war die Ehefrau des reichen Bauern Konrad Baumgarten. Wolfenschiessen erkundigte sich nach dem Verbleib ihres Ehemannes, worauf Itta vorgab, er sei ein paar Tage weg, während dieser in Wirklichkeit nur in den Wald gegangen war.

Wolfenschiessen verlangte Speis und Trank und forderte die Bäuerin auf, ihm ein Bad zu bereiten, da er müde sei. Als das Bad bereit war, forderte er Itta auf, mit ihm in den Zuber zu steigen. Itta hielt ihn mit Reden hin, dann floh sie durch die Hintertür und erzählte dem gerade heimkehrenden Konrad das Vorgefallene. Baumgarten, die Axt noch in der Hand, sprach ein paar fromme Worte und tötete den Vogt mit einem einzigen Axtstreich. Daraufhin floh er ins Lande Uri, das damals das freiheitlichste Land in den Waldstätten war.

GEISTIGE LANDESVERTEIDIGUNG

Aus solchen Geschichten entstand im 18. Jahrhundert die sogenannte „Befreiungstradition", die vor allem durch den Schaffhauser Historiker Johannes von Müller, aber auch durch literarische Adaptationen, Illustrationen und Gemälde gefördert wurde. Zur Zeit des Zweiten Weltkrieges dienten sie der „geistigen Landesverteidigung". Damit wollte man den schweizerischen Wehrwillen angesichts eines drohenden Einmarsches Hitlers festigen.

RÜTLISCHWUR
Gab es 1291 einen Schwur auf dem Rütli?

WIR SCHWÖREN ES BEI GOTT UND UNSEREM VATERLAND!

Dass es einen Bund der drei Waldstätten gab, ist gesichert. Ob der Schwur aber tatsächlich auf dem Rütli stattfand (Rütli, Rüti oder auch Grütli heisst „gerodetes Land") oder irgendwo in einer Amtsstube, ist offen. Tatsache ist, dass sich die Waldstätten zu ihrem besseren Schutz (…) Beistand, Rat und Förderung mit Leib und Gut innerhalb ihrer Täler und ausserhalb nach ihrem ganzen Vermögen zugesagt gegen alle und jeden, die ihnen Gewalt oder Unrecht an Leib oder Gut antun. – Und auf jeden Fall hat jede Gemeinde der andern Beistand auf eigene Kosten zur Abwehr und Vergeltung von böswilligem Angriff und Unrecht eidlich gelobt – jedoch in der Weise, dass jeder nach seinem Stand seinem Herren geziemend dienen soll. (…) Wir haben auch einhellig gelobt und festgesetzt, dass wir in den Tälern keinen Richter annehmen sollen, der das Amt um Geld oder Geldeswert erworben hat oder nicht unser Einwohner oder Landmann ist.

Quellenangabe: Text sinngemäss; Originaltext siehe Wikipedia „Bundesbrief 1291"

BUNDESBRIEF
Der Bundesbrief von 1291 ist als Pergamentblatt erhalten und wird heute im Bundesbriefmuseum in Schwyz aufbewahrt. Verfasst ist er auf Lateinisch, was zeigt: Die Verfasser waren der üblichen Amtssprache mächtig und formulierten ihre Absichten den damaligen Gepflogenheiten entsprechend präzise. Ursprünglich umfasste das Dokument drei Siegel. Dasjenige von Schwyz ging jedoch irgendwann zwischen 1330 und 1920 verloren.

Oder wurde es gestohlen…?

FLADEXAVERS FAZIT
Kein Gessler, kein Apfelschuss, keine bösen Vögte?

„Nehmt es mit Humor!", rät Fladexaver. „Wir müssen zwar von einigen Märchen Abschied nehmen, aber auch ohne Wilhelm Tell & Co. ist die Entstehungsgeschichte der Alten Eidgenossenschaft dramatisch genug. Dass es Jahrhunderte gebraucht hat, um die Konstrukte der Chronisten als solche zu erkennen, macht ihre Leistung umso grösser: Es hat den Schreibern und Strategen nicht an Einfällen gefehlt, um die Entstehung der Alten Eidgenossenschaft so eindrücklich wie möglich darzustellen. Dass die alten Eidgenossen – und damit auch wir Munggenstalder – selbst ohne das ganze Heldengeschwurbel clevere Typen waren, kommt so nur noch besser zum Vorschein. Zudem bin ich überzeugt, dass ihr, liebe Leserinnen und Leser, intelligent genug seid, um Wahrheit und Fiktion auseinanderzuhalten.

Oder glaubt ihr im Ernst, dass wir Munggenstalder tatsächlich gelebt haben…?

Na toll! Dann freue ich mich jetzt schon, als Skulptur auf einem Dorfbrunnen im Alptal zu erscheinen: ‚Hier lebte und wirkte Fladexaver, der grosse Dorfpoet.' Und vielleicht pilgern auch schon bald die Fans in Scharen in unser Tal, um die Dorfruine von Munggenstalden zu besichtigen. Und das Museum, in dem man all das bewundern kann, was die Archäologen ausgegraben haben:

Vielleicht haben die Archäologen auch ein Töpfchen von Annekäthys Munggensalbe zu Tage befördert? Oder Heidis Röstipfanne, in der sie Rösti zubereitete, obwohl es damals noch gar keine Kartoffeln gab. Und klar, auch Bächelis Fischerrute und Vronis Kuhfladen werden die Fans wie heilige Reliquien bewundern. Nicht zu vergessen, das 700 Jahre alte Chriesiwasser unseres Dorfchefs! Aber bitte, wartet noch ein bisschen. Wir brauchen das ganze Zeugs noch. Es gibt noch etliche Fortsetzungsgeschichten!

Im nächsten Band sind wir in Morgarten. Im übernächsten überqueren wir den Gotthard."

NOCH IST DER MIST NICHT GEFÜHRT!

WELCHE HABSBURGER?

In den Befreiungsgeschichten – befeuert von Justinger und Tschudi – ist stets von den Habsburgern die Rede, die es zu bekämpfen galt. Die Frage stellt sich jedoch, welche Habsburger damit gemeint waren.

Graf Rudolf II. von Habsburg, genannt der Gütige, stand den Waldstätten wohlwollend gegenüber. Als er 1232 starb, wurde das Erbe auf seine beiden Söhne aufgeteilt, sodass zwei Linien entstanden:

HABSBURG-ÖSTERREICH

Der ältere Sohn, **Albrecht IV.**, bekam den Stammsitz der Familie, die Habsburg bei Baden. Dazu kamen Grafschaften im Aargau und Fricktal sowie Vogteien und etliche Besitzungen im Oberelsass. In der Innerschweiz besass Albrecht, genannt der Weise, keine oder nur wenige Ländereien. Albrecht starb 1239 im Alter von 51 Jahren während eines Kreuzzugs in Askalon (im heutigen Israel) an der Pest.

Albrechts Sohn war **Rudolf I.**, bekannt für seine grosse Adlernase. Er wurde 1273 als erster Habsburger zum römisch-deutschen König gekrönt und weitete den Machtbereich bis nach Österreich aus. Wie schon sein Grossvater war er den Waldstätten wohlgesinnt. So bestätigte er den Urnern 1274 die Freiheit, eigene Richter zu wählen. 1291 gewährte er das gleiche Privileg auch den Schwyzern. Als er im selben Jahr starb, war dies für die Waldstätten ein Katastrophe. Sie fürchteten um ihre Freiheiten und Privilegien und schlossen deshalb den berühmten Bund auf dem Rütli.

Rudolfs Sohn, **Albrecht I.**, übernahm noch zu Lebzeiten seines Vaters die Macht im heutigen Österreich. 1298 wird er als Nachfolger Rudolfs zum römisch-deutschen König gekrönt. 1308 wird er jedoch von seinem Neffen Johann, genannt Parricida, in Königsfelden bei Brugg ermordet. Sein Sohn Leopold rächt den Mord erbarmungslos.

Friedrich „der Schöne", der ältere Sohn König Albrechts I., wurde von den Kurfürsten zwar nicht zum König gewählt, liess sich aber trotzdem als Gegenkönig zu Ludwig dem Bayern krönen. 1322 wird er in der Schlacht bei Mühldorf am Inn vom Heer des Wittelsbachers vernichtend geschlagen.

Sein jüngerer Bruder **Leopold**, genannt „das Schwert Habsburgs", unterstützt ihn im Kampf um die Krone. Am 15. November 1315 wird er in der Schlacht am Morgarten von den Eidgenossen geschlagen. Er stirbt 1326 mit 39 Jahren an einem Herzversagen in Strassburg. Er hatte keine männlichen Nachfolger. Die Fortsetzung der Habsburger Dynastie übernahmen in der Folge zwei weitere Söhne Albrechts, die das Herzogtum Habsburg-Österreich weiter ausbauten.

HABSBURG-LAUFENBURG

Der jüngere Sohn, **Rudolf III.**, genannt „der Schweigsame", bekam die Burg und das Städtchen Laufenburg, dazu Grafschaften im Zürichgau, im Klettgau, sowie Güter in Willisau, Sempach, Sarnen, Stans und Buochs. Zudem war er Vogt der Klöster Muri und Murbach im Breisgau, das einen Ableger in Luzern besass. Er begründete die Linie Habsburg-Laufenburg.

In den Waldstätten machten die Laufenburger schnell klar, dass sie hier ihre Machtansprüche durchsetzen wollten. Vor allem in Unterwalden, wo die meisten Besitzungen lagen. Deshalb haben die Chronisten die Befreiungsgeschichten zu einem grossen Teil in diese Region versetzt. Ab 1240 liess Graf **Rudolf III.** in Meggen bei Luzern sogar eine Burg, genannt „Neu-Habsburg" bauen, die allerdings nie fertiggestellt wurde, weil Rudolf III. bereits 1249 starb. Sein Sohn **Gottfried I.** war ein Haudegen, der sogar gegen den späteren König ins Feld zog. Er starb 1271.

Gottfrieds Sohn, **Graf Rudolf III.**, heiratete 1296 Gräfin Elisabeth von Rapperswil, die auf dem Schloss in der „Rosenstadt" residierte. Zuvor war Elisabeth mit Ludwig von Homberg verheiratet gewesen, der jedoch am 27. April 1289 verstarb. Aus dieser Ehe entstammte Werner von Homberg, der 1309 – nach dem Tod seiner Mutter – einen Teil der mütterlichen Besitztümer erbte.

Werner von Homberg. Die Kastvogtei über das Kloster Einsiedeln sowie die Reichsvogtei über das Urserental hatte König Rudolf im Jahr 1283 Elisabeth weggenommen, da nach dem Tod ihres minderjährigen Bruders **Rudolf V.** kein männlicher Erbe mehr im Hause Rapperswil vorhanden war. Homberg versuchte, diese Rechte zurückzuholen, was ihm jedoch nicht gelang. Aus der Ehe mit dem Habsburg-Laufenburger ging ein weiterer Sohn, **Johann I.** von Habsburg-Laufenburg, hervor, der 1337 in der Schlacht bei Grynau starb. 1408 verschwanden die Habsburg-Laufenburger dann ganz von der Bildfläche.

ZEITTAFEL

1220 Schöllenen
Leute aus den Urseren und dem Land Uri bauen in der Schöllenen die Teufelsbrücke und die Twärrenbrücke (Holzstege). Die Gotthardstrecke wird damit durchgehend begehbar.

1231 Freibrief für die Urner
Zum Dank stellt Kaiser Friedrich II. den „Leuten von Uri" einen Freibrief aus, in dem er ihnen die Reichsunmittelbarkeit gewährt. Der Urner Freibrief ist nicht erhalten. Wahrscheinlich wurde er 1799, zur Zeit der französischen Besatzung, zerstört. 400 Häuser gingen damals in Altdorf in Flammen auf.

1240 Freibrief für die Schwyzer
Als Dank für die Söldnerdienste in Oberitalien sichert Friedrich auch den Schwyzern die Reichsunmittelbarkeit zu. Der Freibrief ist im Schwyzer Staatsarchiv erhalten.

1245 Absetzung Friedrichs auf dem Konzil von Lyon
Im Gegensatz zum Papst tritt Friedrich für eine konsequente Gewaltentrennung von Kirche und Staat ein. Auf dem Konzil von Lyon wird er deshalb von Papst Innozenz IV. abgesetzt. Danach werden mehrere Gegenkönige auf den Thron gehievt. Im Norden des Reichs kommt es zu Übergriffen von Kleinadeligen auf Ländereien. Raubrittertum prägt den Alltag. Das Reich droht auseinanderzufallen.

1246 Papst droht mit Exkommunikation
Die Urner und Schwyzer halten zu Friedrich. Der Papst droht ihnen deshalb, sie aus der Kirche auszuschliessen.

1250 Friedrich II. stirbt
Friedrichs Tod bedeutet das Ende der Dynastie der Staufer. Es folgt eine königslose Zeit (Interregnum), die 23 Jahre dauert.

1273 Rudolf I. von Habsburg wird neuer König
Die Habsburger galten bis dahin als kleines Adelsgeschlecht. Doch nun wurde die Burg nahe von Baden zum Sprungbrett für eine Machtausweitung im grossen Stil. Die Familie stieg zur mächtigen Dynastie auf, die während Jahrhunderten fast ununterbrochen die Könige und Kaiser stellte.

1274 Zugeständnisse an Uri
Rudolf I. bestätigt Uri das Recht, eigene Richter zu wählen.

1283 Papst Martin IV. schaltet sich ein
Der Marchenstreit flammt wieder auf. Erstmals schaltet das Kloster den Papst ein: Martin IV. erlässt am 1. Juni 1283 eine Bulle, in der er den Bischof von Konstanz auffordert, gegen die Schwyzer vorzugehen. Im gleichen Jahr übernehmen die Habsburger die Vogtei des Klosters Einsiedeln.

1291 Am 15. Juli stirbt Rudolf I. von Habsburg
Wer wird neuer König? Erneut kommt es zu einem Machtkampf, diesmal zwischen Rudolfs Sohn Albrecht und Adolf von Nassau, einem unbedeutenden Fürsten aus dem Rheinland. Die Menschen, nicht zuletzt in den Waldstätten, sind verunsichert.

1291 Rütlischwur und Bundesbrief
Anfang August unterzeichnen Uri, Schwyz und Unterwalden einen Bundesbrief. Darin sichern sie sich gegenseitige Hilfe zu und wollen keine fremden Richter dulden.

1292 Aufstand gegen Albrecht von Habsburg
Die Habsburg-Laufenburger versuchen die Wahl Albrechts zu verhindern. Angeführt vom Konstanzer Bischof, der aus ihrer Familie stammt, bildet sich eine Allianz gegen Albrecht. Mit dabei sind Elisabeth von Homberg (die Mutter Werner von Hombergs), das Kloster St. Gallen, die Städte Zürich, Bern und Luzern. Auch Uri und Schwyz sind mit dabei.

1292 Adolf von Nassau wird zum König gewählt
Die Kurfürsten wählen Adolf von Nassau, um die Macht der Habsburger einzudämmen.

1297 Adolf von Nassau bestätigt Freiheitsbriefe
König Adolf von Nassau bestätigte den Schwyzern und Urnern die Reichsunmittelbarkeit.

1298 Albrecht I. wird König
Adolf von Nassau wird als „unwürdiger König" abgesetzt. Am 2. Juli 1298 wird er in der Schlacht bei Göllheim von Albrecht besiegt und stirbt. Wenige Wochen später wird Albrecht I. zum neuen König gekrönt. Die Freiheitsbriefe von Uri und Schwyz erneuert er nicht.

1308 Albrecht I. wird in Baden ermordet
Albrecht galt als strenger, habgieriger und machtbessener Reichsfürst. Da er seinem Neffen Johann von Schwaben – auch Parricida genannt – das ihm zustehende Erbe nicht herausrücken wollte, griff dieser zum Schwert, als Albrecht auf dem Weg von Baden zu seiner Frau nach Rheinfelden war. Nach dem Chronisten Mathias von Neuenburg kam der erste Schwerthieb von Johann, danach stiess ihm Rudolf von Wart sein Schwert in die Brust, während Rudolf von Balm den Schädel des Königs spaltete.

1308 Heinrich VII. wird König
Erneut wählen die Kurfürsten keinen Habsburger zum König, sondern Heinrich VII., einen Vertreter aus dem Hause Limburg-Luxemburg. Für die Waldstätten eine gute Wahl, die sie zu nutzen wissen.

1309 Heinrich VII. bestätigt die Reichsunmittelbarkeit
Am 3. Juni 1309 lassen sich Uri und Schwyz vom neuen König die Privilegien bestätigen. Offenbar ging Heinrich VII. davon aus, dass auch die Unterwaldner einen alten Freibrief vorzuweisen hatten und bestätigte auch ihnen die Reichsunmittelbarkeit. Hans Schriber behauptete dies später im „Weissen Buch von Sarnen". Tatsächlich wurden solche Reichsbriefe bisweilen auch später erstellt, zurückdatiert oder sogar gefälscht, was damals eine übliche Praxis war.

GLOSSAR

1309 Werner von Homberg wird Reichsvogt
Der König setzt Werner von Homberg als Reichsvogt in den Waldstätten ein. Homberg ist ein Gegner der Habsburger und den Schwyzern wohlgesinnt: Sie liefern ihm Söldner. Später – vor der Schlacht von Morgarten – wechselt Homberg dann jedoch auf die Seite der Habsburger.

1309 Im Marchenstreit spitzt sich die Situation zu
Der Abt des Klosters Einsiedeln erreicht beim Bischof von Konstanz die Exkommunikation der Schwyzer. Dagegen appellieren die Schwyzer bei Papst Clemens V., der damals in Avignon residierte. Damit wird nun sogar die höchste Instanz der katholischen Kirche in den Marchenstreit miteinbezogen.

1310 Heinrich VII. startet seinen Italienfeldzug
Mit dabei sind Werner von Homberg sowie einige Hundert von ihm angeheuerte Reisläufer aus den Waldstätten, vornehmlich aus Schwyz. Die jungen Bauernsöhne gelten als Haudegen. Das Söldnertum verschafft ihnen Auskommen und reiche Beute.

1310 Exkommunikation wird aufgehoben
Auf Betreiben des Papsts wird der Kirchenbann gegen die Schwyzer aufgehoben. Allerdings werden sie verpflichtet, die unrechtmässig besetzten Ländereien zurückzuerstatten. Dem kommen die Schwyzer jedoch nicht nach.

1311 Einsiedeln erstellt Klagerodel
Der Marchenstreit eskaliert. Das Kloster erstellt einen Klagerodel, in dem sämtliche Verfehlungen der Schwyzer aufgeführt sind, darunter Brandschatzung, Diebstahl und Totschlag. Um den Streit zu schlichten, legt sich erstmals auch eine Abordnung aus Zürich ins Zeug, jedoch ohne Erfolg.

1313 Erneute Exkommunikation
Auf Betreiben des Abts des Klosters Einsiedeln (Johannes von Schwanden) spricht der Bischof von Konstanz (Gerhard von Bevar) erneut den Ausschluss von allen Kirchenhandlungen aus.

1313 Heinrich VII. stirbt in Siena
Zwei Thronanwärter bringen sich in Position: Friedrich der Schöne, ein Habsburger, unterstützt von seinem jüngeren Bruder Leopold – und Ludwig der Bayer, ein Wittelsbacher. Die Wahl verzögert sich und führt erst knapp zwei Jahre später zu einer Doppelwahl. Die Schwyzer nutzen das Machtvakuum.

1314 6. Januar, Klostersturm
In der Dreikönigsnacht, am 6. Januar, stürmen die Schwyzer das Kloster und nehmen die Mönche gefangen. Der Abt kann fliehen. Erst am 26. März werden die Mönche auf Intervention mehrerer Fürstenhäuser freigelassen. Dies erfolgt gegen „Urfehde": Die Fürstenhäuser versprechen, die Tat der Schwyzer nicht zu ahnden. Nicht so der Bischof von Konstanz: Er erneuert den Kirchenbann und spricht ihn zusätzlich auch noch auf Uri und Unterwalden aus. Auch die Habsburger reagieren: Sie verhängen die Reichsacht über die Waldstätten und verwehren ihnen den Verkauf ihrer Produkte auf dem Markt von Luzern.

Alpel
Heute „Alp" genannter Bach, der bei den Mythen entspringt und unterhalb von Einsiedeln in die Sihl mündet. Um 1018 schenkte Kaiser Heinrich II. das ganze Alptal dem Kloster Einsiedeln.

ännet
Auf der anderen Seite

Chlefeli
Auch Klefel genannte Holzbrettchen, die man zwischen den Fingern zum Klingen bringt und so als Rhythmusinstrumente nutzt. Das „Chlefelen" wird im Kanton Schwyz vor allem an der Fasnacht von Schulkindern praktiziert.

Grütze
Grobgemahlenes Getreide, meist Hafer, Hirse oder Gerste, das für Breie oder Suppen verwendet wird. Im Mittelalter ein Hauptnahrungsmittel der Bauern.

I'd Hose
In die Hosen steigen, anpacken, zupacken

Kirchenbann
Ausschluss aus der Kirche (auch: Exkommunikation). Es durften keine Gottesdienste mehr ausgeführt und keine Sakramente mehr gespendet werden. Damit war das Seelenheil gefährdet.

Klagerodel
Auflistung aller Vergehen eines Beschuldigten

Kuhschwyzer
Schimpfwort für die Eidgenossen, das gemäss Idiotikon bereits im 14. Jahrhundert und dann vor allem im Schwabenkrieg (1499) verwendet wurde.

Mungg
Innerschweizer Dialektbegriff für Murmeltier

munggelen
Die Munggen liegen zusammen und halten danach den Winterschlaf ab.

Munggensalbe
Aus dem Fett von Murmeltieren hergestellte Salbe, die zu Heilzwecken verwendet wird

Munggenstalden
Fiktives Dorf im Alptal, etwa da, wo heute Brunni liegt, ein beliebter Wander- und Wintersportort. Von hier geht es über die Holzegg (1450 m. ü. M) nach Schwyz.

Reichsacht
Die Geächteten verloren ihr Hab und Gut, wurden sozusagen zu „Staatsfeinden" erklärt und hatten keine Rechte mehr. Wer wollte, konnte sie sogar töten. Starb der Geächtete, wurde die Leiche den Vögeln und den Wölfen zum Frass überlassen, deshalb der spätere Ausdruck „vogelfrei".

Schwingen
Sportlicher Kampf im Sägemehl

Stalden
Ort, Dorf

Urfehde
Der Geschädigte verspricht per Eid, auf Rache zu verzichten. Wurde eine Urfehde gebrochen, galt dies als Meineid und wurde bestraft.

„Am Morgarten" erwartet unsere Helden ein veritables Gemetzel …

DANK
Wir danken für die fachliche Beratung:
Edgar Gwerder, Projektleiter Morgarten 2015
Pirmin Moser, Gemeindeschreiber von Sattel und Mitglied des OK Morgarten 2015
Marco Sigg, Direktor Museum Burg Zug
Daniel Koster, Historiker, Mitglied Historischer Verein des Kantons Zug
Jakob Obrecht, Archäologe

Wir danken für die finanzielle Unterstützung:
Kanton Schwyz, Bildungsdepartement

Dieser Comic-Band ist erschienen aus Anlass der 700-Jahr-Feier
der Schlacht am Morgarten.

MORGARTEN
Abenteuer Geschichte

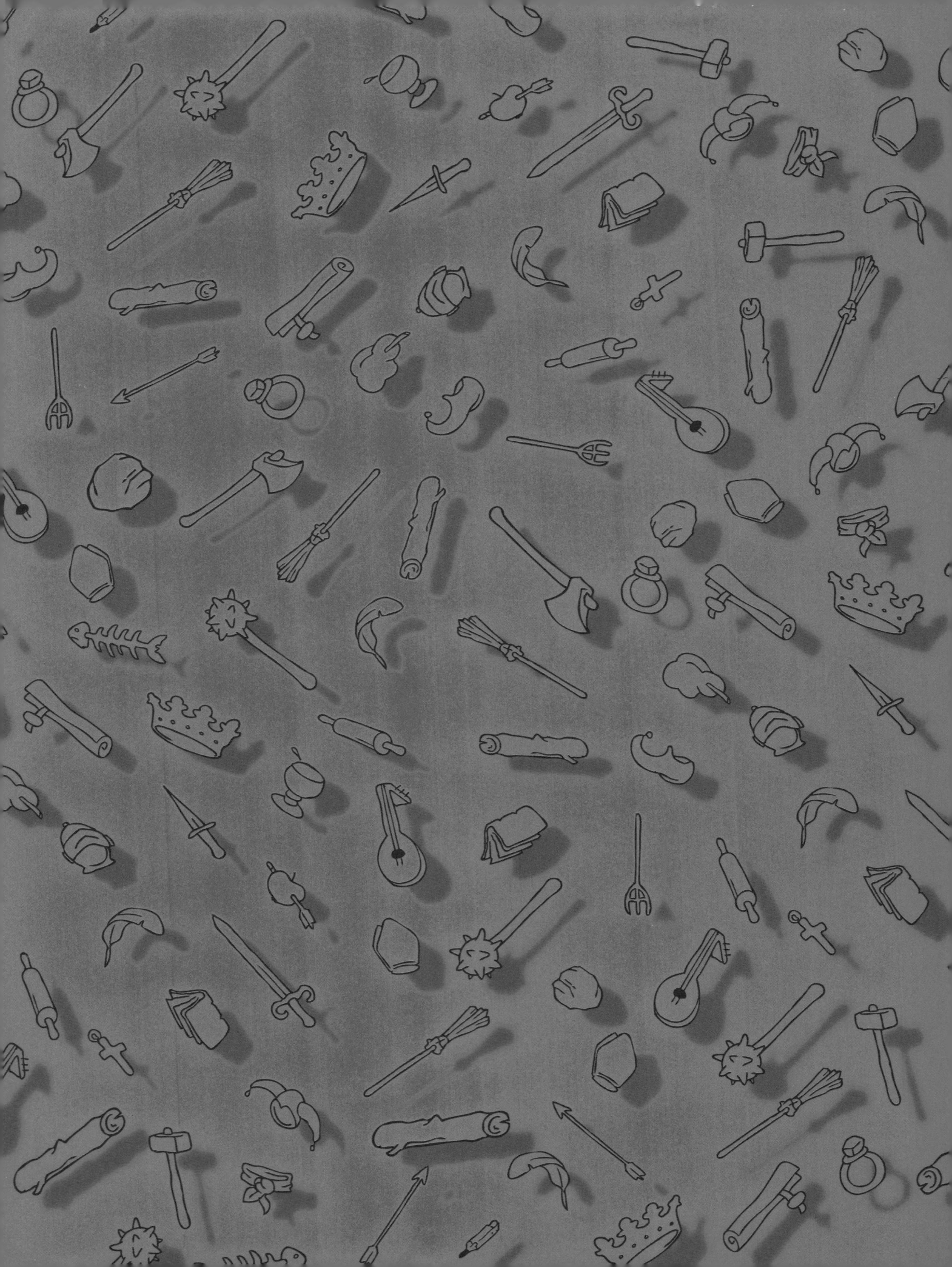